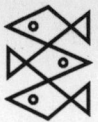

Inhalt »Sie haben Augen zu sehen und sehen nicht, sie haben Ohren zu hören und hören nicht«, – mit diesem Bibelzitat umschreibt Hugo Kükelhaus sein Buch. Er will Augen und Ohren öffnen, die von einem nur auf technische Rationalität ausgerichteten Verstand immer mehr behindert werden und so im Alltag einer modernen Industriegesellschaft verkümmern. Nur wenn sich Menschen dem Wagnis aussetzen, die in ihnen angelegte Fähigkeit einer eigenen Wahrnehmung zu entfalten, werden sie sich wieder selber in ihrem Tun erfahren und zu einer neuen Bewußtheit gelangen.

Autor Hugo Kükelhaus (1900–1984) war bekannt durch seine Beratungs- und Vortragstätigkeit auf den Gebieten der Bildenden Kunst, der Natur- und Geisteswissenschaften. Nach dem Abitur Lehre als Bau- und Möbelschreiner, anschließend Meisterdiplom. Werkstudent an den Universitäten Heidelberg, Münster i.W. und Königsberg; Studium der Mathmatik, Physiologie und Soziologie. Schriftstellerische und künstlerische Tätigkeiten. Sein »Erfahrungsfeld zur Entfaltung der Sinne« wird als Wanderausstellung gezeigt. Seit 1988 befindet sich in seinem Wohnhaus Soest/Westf. die »Arbeitsstelle Kükelhaus«.
Zusammen mit Rudolf zur Lippe ist weiter im Fischer Taschenbuch Verlag erschienen: »Entfaltung der Sinne. Ein ›Erfahrungsfeld‹ zur Bewegung und Besinnung.« (Band: 4065).

Hugo Kükelhaus

ORGANISMUS UND TECHNIK

Gegen die Zerstörung
der menschlichen
Wahrnehmung

Mit einem Vorwort von
Frederic Vester

Fischer Taschenbuch Verlag

Fischer alternativ
herausgegeben von Rudolf Brun
Eine Reihe des Fischer Taschenbuch Verlages

Veröffentlicht im Fischer Taschenbuch Verlag GmbH,
Frankfurt am Main, Juni 1993

Lizenzausgabe mit freundlicher Genehmigung des Autors
© Walter Verlag AG, Olten, 1971
© Hugo Kükelhaus, Soest, 1977
Umschlagentwurf: Buchholz / Hinsch / Hensinger
Satz: Otto Gutfreund & Sohn, Darmstadt
Druck und Bindung: Clausen & Bosse, Leck
Printed in Germany
ISBN 3-596-11685-6

Gedruckt auf chlor- und säurefreiem Papier

Inhalt

Vorwort von Frederic Vester

Mit dem Siegeszug von Wissenschaft und Technik wurde die Erfahrung der Wirklichkeit zunehmend auf das Studium ihrer Details verengt. Statt sie nach den Beziehungen zu ordnen, die zwischen den Dingen wirken, wurden sie, z. T. willkürlich, in abstrakte Begriffsgebäude »übersetzt« und gleichzeitig ihre *körperliche* Erfahrung immer mehr zurückgedrängt. Eine Trennung in Geistiges und Körperliches nahm ihren Lauf, die gerade dort, wo wir den Umgang mit uns selbst und unserer Umwelt *erlernen* sollten: an unseren Ausbildungsstätten, bis in Schulordnungen und Curricula hinein zementiert wurde.

Diese Loslösung des Intellekts vom realen Geschehen, die Erklärung von Begriffen durch andere Begriffe statt durch ihre Funktion in der Wirklichkeit führte so in den letzten Jahrzehnten in einer Reihe von Gebieten zu einer zunehmenden geistigen Verengung. Nicht zuletzt aus diesem Grunde nahmen die Probleme in der Gestaltung unseres Lebensraumes in beängstigendem Maße zu, aber auch in der Gestaltung unserer eigenen sozialen Beziehungen. Probleme, deren wir kaum noch Herr werden. Die zunehmende Verakademisierung schon unserer Volksschulen, das nicht-körperliche Erfahren der Wirklichkeit – von abstrakten Definitionen bis zum Fernsehen – machte die Menschen immer unfähiger, mit jener Wirklichkeit fertig zu werden.

Was kann man noch von einem Studenten erwarten, der 15 Jahre lang nur den kognitiven Teil seines Gehirns trainiert hat, ohne ihn an die Realität »anzubinden«. Kein Wunder, daß er auch in der Wissenschaft selbst kaum noch etwas zuwege bringt. So häufen sich in unseren Forschungsstätten Publikationen auf Publikationen, die vielfach nur abstrakte Definitionen erneut definieren und die zu einem bereits nicht mehr überschaubaren, beziehungslosen Datenmaterial weitere Tausende von Daten liefern, sich in Methodenstreitigkeiten profilieren und letztlich doch nur auf den Regalen verstauben oder in den Datenfriedhöfen immer gewaltigerer EDV-Anlagen versinken.

Was also tun? Wie Kükelhaus dies in seinen Lernobjekten zeigt, sollten wir statt nur mit Begriffen und Symbolen von Dingen mehr mit den Dingen selbst arbeiten, mit ihren Wechselwirkungen, mit ihrer Beziehung zur Umwelt und zu unserem Organismus. Nur dann bringen wir auch unseren Intellekt – über jenen Organismus – in einen konkreten Bezug zur Umwelt. So, wie es einem biologisch sinnvollen Erfassen unserer Wirklichkeit entspricht. Denn ebenso wie ein Lernen ohne Einbeziehung des *Organismus* widernatürlich (und unökonomisch!) ist, gilt dies auch für ein Lernen ohne Einbeziehung der *Umwelt*. Viel zu wenig machen wir uns klar, daß der Lernvorgang die wohl bedeutendste Wechselwirkung ist, die sich zwischen einem Lebewesen und seiner Umwelt abspielt. Wenn dieser Vorgang gestört ist, auf einen winzigen, noch dazu indirekt angebotenen Teil beschränkt ist, kann es nicht ausbleiben, daß auch die Beziehungen dieses Lebewesens zu seiner Umwelt gestört sind. Wenn wir daher heute mit unserer Umwelt nicht mehr fertig werden und in immer größere Zwänge hineingeraten, so liegt auch dies wohl in erster Linie an der Art, wie wir lernen und denken, welches Bild wir uns von der Wirklichkeit machen, welche innere Beziehung wir zu ihr haben. Und die ist äußerst spärlich.

Im herkömmlichen Unterricht erleben wir zur Zeit auf erschreckende Weise, wie jenes realitätsfremde, ja fast tabellarische Eintrichtern von Wissensstoff eine jegliche Weiterverarbeitung des Stoffes außerhalb des Unterrichts, d. h. im Kontakt mit der Realität verhindert. Dies bedeutet nicht nur, daß unser Bild von jener Realität falsch wird, sondern auch, daß das Lernen selbst auf ungeahnte Schwierigkeiten stößt. So wird der Lernstoff, weil er in jener Realität keine Assoziationen vorfindet, mit Beendigung des Unterrichts kaum noch durch die restlichen Wahrnehmungen des Tages angerührt. Spärlich verknüpft und einer Verstärkung kaum zugänglich, bleibt die Verankerung, die »Konsolidierung«, aus. Die Information verblaßt, und die kümmerliche Bahnung im Gehirn wird bald durch neue Impulse zugedeckt. Das Lernen wird zum bloßen Merken unter Verzicht auf die Mitwirkung wesentlicher Gehirnpartien. Dadurch verschenken wir aber gleichzeitig einen unentgeltlichen und permanenten Lehrer, nämlich die Realität, die gerade außerhalb des Unterrichts automatisch für die Festigung unserer Kenntnisse sorgen könnte.
Es ist daher gewiß ein Unding, wenn wir glauben, daß sich die Erkenntnis unserer Welt und eine vernünftige Handhabung unserer Mittel – und darum geht es ja schließlich bei jeder Ausbildung – lediglich mit den paar Neuronen unseres kognitiv-logischen Bereichs bewerkstelligen ließe. Das Gehirn, unfähig, in der bloßen Abstraktion allein sinnvoll zu operieren, wird zum

Speicher theoretischer Formeln herabgewürdigt. Kein Wunder, daß uns gerade bei dem Versuch, das Verhalten der komplexen Systeme unserer Welt zu verstehen, unsere abstrakte, nur nach logischen Einzelschlüssen vorgehende Denkweise die übelsten Streiche spielt.

Die Abstraktion, zweifellos eine unserer wichtigsten intellektuellen Fähigkeiten, wird nicht etwa als wichtige Technik des geistigen Arbeitens gelehrt, als eine Technik unter mehreren, sondern sie wird auf diese Weise zum Selbstzweck erhoben. Nicht nur daß Dinge, die in der äußeren Realität zusammengehören, dabei in Fächer, Ressorts und Branchen eingeteilt werden, auch unser eigener Organismus wird dadurch in Psyche, Körper und Geist auseinandergerissen, als wenn nicht auch das Denken und Fühlen auf körperlicher Basis und unter Mitwirkung jener kleinen grauen Zellen passierte, deren jede einzelne die Gestalt unseres gesamten Seins in ihrem genetischen Code beherbergt.

Was unsere Denk- und Lernformen betrifft, glaube ich daher, daß unsere Lage folgendes verlangt: nachdem wir jenen kognitiven Gehirnbereich und seine monokausale Logik im Laufe der letzten Jahrhunderte so überproportional entwickelt haben, müssen wir in einem neuen Bewußtseinsschritt auch jene anderen, vielleicht weniger digital als analog arbeitenden Gehirnpartien bewußt in unser Denken und Handeln einbeziehen. Damit meine ich Funktionen wie Kreativität und Intuition, die Fähigkeit, Wesentliches zu erkennen, die haptische Intelligenz – über das Kleinhirn mit all unserem Tun verbunden –, weiterhin den äußerst subtilen und in der Informationsverarbeitung extrem schnellen Gefühlsbereich und über ihn natürlich auch das gesamte hormonelle Wechselspiel. All dies muß neben dem kognitiven Bereich auf einer neuen Ebene in unser Denken und Handeln Eingang finden.

Das heißt aber nichts anderes, als daß sich auch hier wiederum in erster Linie in unserer Ausbildung etwas ändern muß: an demjenigen Faktor, der jenes unvernetzte Denken zunächst zementiert hat; an denjenigen Lernformen, die uns, vom ersten Schultag an, das mit der Realität vernetzte Denken austreiben. Wenn ein Vorschulkind noch sagt: »Ein Stuhl ist, wenn man sich drauf setzen kann«, so wird jenes mit der Umwelt verflochtene Ding in der Schule sehr bald unter dem Begriff »Möbelstück« eingeordnet. In einem Haus wird bald nicht mehr etwas gesehen, »worin man wohnen und leben kann«, sondern das Haus wird zum »Gebäude«. Gelb, rot oder blau sind nicht mehr eine Blume, das Feuer oder der Abendhimmel, sondern sie existieren nur noch als »Farbe«. Der Sommer ist nicht, »wenn die Frösche quaken, wenn warmer Wind weht, wenn es nach Heu riecht«, sondern er wird unter die »Jahreszeiten« eingeordnet. Der Zusammenhang verschwindet, und übrig bleibt eine Art Kreuzworträtsel-Intelligenz.

Wenn man das Verhältnis zwischen Mensch und Umwelt in unserer Industriegesellschaft untersucht, so wundert es nicht, daß sich in der Tat die Unfähigkeit, die Realität in ihren wahren Zusammenhängen zu erkennen, immer mehr breit macht. Um so mehr haben wir Hugo Kükelhaus zu danken, daß er auf so vielen Gebieten wesentliche Impulse gegeben hat, wie man die Zusammenhänge zwischen unserem Denken und der konkreten Wirklichkeit wieder auf erlebbare Weise erfahren kann. Ich selbst habe mehrere seiner Phänobjects – etwa den »Strudelkasten« oder die »Sandplatte«, aus der man durch Klopfen schönste Landschaften zaubern kann – in meine Wanderausstellung einbezogen, die unter dem Titel »Unsere Welt – ein vernetztes System« ein Übungsfeld für ein neues integrales Denken darstellen soll.

Wie ich aufzuzeigen versucht habe, gibt es zwei ganz pragmatische Gründe, weshalb wir solche Impulse nutzen sollten, weshalb wir zu einer neuen Verbindung unseres Denkens mit unserem Organismus – und dadurch auch wieder zu einer neuen Verbindung von Organismus und Technik hinstreben sollten. Einmal, um die Realität selber und ihre vernetzte Dynamik wieder zu verstehen, und zum anderen, weil auch der Lernvorgang als solcher im Kontext mit der Realität weit effizienter ist. Nur dann wird das Gesamtgehirn eingesetzt, so wie es auch den natürlichen, also außerschulischen Lernvorgängen, die ja ständig in uns ablaufen, entspricht. Auf diese Weise beginnen wir die Dinge, mit denen wir uns in unserer Umwelt beschäftigen, mit denen wir unseren Lebensraum planen, unsere Technik entwickeln, wieder miteinander zu verbinden, sie als Ganzheit zu erfassen. Wenn wir dies nicht tun, erfahren wir von dem Gesamtsystem unseres Lebensraumes zwar sehr viel über seine Teile, aber eben nichts über das System selbst und sein Verhalten. Denn dieses ist vor allem durch die Vernetzungen *zwischen* den Dingen repräsentiert.

Ähnlich ist es auch mit der Beziehung zwischen Organismus und Technik. Kükelhaus greift mit diesem Thema eine Beziehung zwischen zwei Bereichen auf, die uns oft wie zwei Welten erscheinen. Im Grunde jedoch haben auch sie einen gemeinsamen Ursprung: die Welt des Lebendigen, aus der – zumindest indirekt –

letztlich auch alle künstliche Technik entstammt. Nur ihr ist sie entlehnt – niemals der toten Welt. Denn diese nennt keine einzige Technologie ihr eigen. Und so werden auch Biologie und Technik auf immer wesensmäßig verbunden bleiben. Wenn wir uns an diese Beziehung stärker erinnern, wird dies zweierlei zur Folge haben.

Es wird erstens unsere in eine Sackgasse geratene Technik befruchten, die bei aller Ingeniosität und Kompliziertheit letztlich plump, ineffizient, von geringem Wirkungsgrad und von einer im Grunde primitiven Organisation ist. Denn Biosysteme mit ihrer Millionen Jahre langen »Erprobungszeit« in Struktur, Funktion und Organisation bieten sich fast zwingend als neue Vorbilder für eine »Technik des Überlebens« an.
Zweitens wird diese Besinnung auf die gemeinsame biologische Wurzel auch unseren Geist, unser Denken befruchten, welches in einem jahrhundertelangen Prozeß schulischer Irreleitung immer mehr als eine Welt für sich, abgetrennt vom Organismus, »kultiviert« wurde. Diese Abtrennung des Geistigen vom Körperlichen stört die Beziehungen zur Umwelt auf das Empfindlichste und führt für unsere Spezies in eine Sackgasse. Nur so konnte auch die Technik, gespeist von jenem abgetrennten Intellekt, zu vielfach nicht mehr überlebensfähigen, ja lebensfeindlichen Formen und Abstrusitäten pervertieren. Wir werden daher auch weniger hilflos denken und handeln, wenn wir unseren Organismus als Heimat unseres Denkens betrachten und wenn dann konsequenterweise auch Erziehung, Unterricht und Umwelterfahrung nicht mehr vorwiegend indirekt, d.h. symbolisch und abstrakt erfolgen,

sondern unter Einbeziehung dieses Organismus und – über diesen – auch der Umwelt.

Wie ich schon an anderer Stelle betont habe, bin ich überzeugt, daß alle Bemühungen unserer Industriegesellschaft, eine stärkere Humanisierung des Lebens auf dem bisherigen technokratischen Wege – und das heißt gegen die Natur – zu erreichen, zum Scheitern verurteilt sind. Aber ebenso bin ich auch sicher, daß uns für unsere anstehenden Probleme niemals auf dem Wege einer abstrakten Verakademisierung – und damit gegen die Natur des Menschen – die richtigen Lösungen einfallen werden. Auch in seinen geistigen Prozessen ist und bleibt der Mensch ein Teil der lebenden Natur. Wenn er nicht nach ihren Gesetzen denkt und damit auch seine Umwelt nicht im Einklang mit ihr gestaltet, wird er sich selbst als Erstem die Lebensgrundlage entziehen.

Vorwort

Die Erzähler von einst pflegten in ihre Berichte Überschriften einzustreuen, in denen sie den Leser eingehend über das informierten, was im jeweils Folgenden gesagt werden sollte. Auf diese Weise bewahrte sich der Erzähler davor, Neugier zu erregen, während der Leser seinerseits davor geschützt war, Neugier zu empfinden. Denn das Sagenswerte ist das, was immer wieder gesagt, gehört, vorgestellt, mitempfunden und mitgetan sein will, weil nicht Neugier, sondern Teilnahme, nicht Verwirrung und Anstrengung, sondern Lösung – Erlösung sogar – Sinn der Ereignisse ist. Damit ist zugleich etwas über die Art gesagt, wie das Sagenswerte mitzuteilen ist: leise... unauffällig... wiederholend... ein wenig lückenhaft vielleicht. Denn der andere weiß es ja längst – er hat es nur gerade vergessen, überhört im lauten Lauf der Welt, «verlegt» in der Hast des Alltags. Nur das Längstgewußte ist wert, entdeckt zu werden, nur das Angestammte wert, erworben zu werden.

Vor Jahrzehnten war der Mensch noch stolz darauf, mit Hilfe der Technik Maschinen konstruieren zu können, die es ihm ermöglichten, seine Handgriffe auf ein Minimum an Weg, ein Minimum an Zeit- und Kraftaufwand zu reduzieren. Je kürzer der Weg und je kürzer die Zeit, so sagte man sich, desto größer die Leistung und damit der Profit. Das ist zweifellos richtig, wenn es sich um technische Geräte handelt – nicht aber in bezug auf Lebendiges. Denn gerade der kürzeste Weg, das Zuviel an Kraftersparnis ist es, was den Menschen erschlafft. In kleinen Umwegen dagegen erholt sich eine sonst durchaus zweckbewußte Bewegung,

13

sammelt Kraft in einem gewissen Daran-Vorbei oder Dar-um-Herum. «Der Umweg ist der kürzeste Weg», lautet ein chinesisches Sprichwort.

Die Straßen der Menschheit [wir können sie auch Runen der Geschichte nennen], die vom Um-Gang geformten Gänge der Zeiten, verlaufen gewunden wie große Ströme. Hindernisse sind nicht Ursachen, sondern Begleiter jener «Über-Windungen», die das Vorhandene in den Bereich einer nicht feststehenden und nicht feststellbaren Wirklichkeit führen – in den Bereich des sich selbst gebärenden Lebens. Nur im Abstand von sich selbst wie vom anderen verwirklicht sich Leben, nähert es sich seiner, umwallt und umgeht sich mit dem Spurmaß der Freiheit – der Freiheit von sich.

«Sie haben Augen zu sehen und sehen nicht; sie haben Ohren zu hören und hören nicht» – diese Christusklage seufzt durch alle Zeiten. Die Schar der Klagenden hat sich bemüht, dem Menschen Wege zu weisen, damit sich die Augen zum Sehen, die Ohren zum Hören öffnen. Einer der letzten unter ihnen war Goethe. Die Zeit nach ihm, bis auf den heutigen Tag, muß sich dieselben Worte sagen lassen, die Goethe bei der Übersendung seiner «Farbenlehre» an Hegel richtete: «Es ist hier die Rede nicht von einer durchzusetzenden Meinung, sondern von einer mitzuteilenden Methode, deren sich ein jeder als eines Werkzeuges nach seiner Art bedienen möge.»

Was die Welt sucht, ist von jeher dasselbe: Meinungen, möglichst unerschütterliche. Goethe könnte darauf nur geantwortet haben: «Ich habe keine Meinung, und ich kann euch kein Wort mitteilen, an das ihr euch hängen könnt. Ihr wartet auf ein Wort. Aber versteht doch: Das Wort wohnt in eurem Ohr. Und die Wahrheit fällt in euer Auge. Wenn ihr doch nur verständet, eure Ohren zu öffnen, eure Augen aufzutun! Begreift doch, was schier unbegreiflich einfach ist: Die Glieder der Erkenntnis, das Auge, das des Leibes Licht ist, wollen durch Taten entwickelt werden. In Untat verkümmern sie!»

Was hier als Mahnruf ausgesprochen wurde, ist längst Wirklichkeit geworden. Die Glieder der Erkenntnis sind verkümmert, die Menschheit erstarrt in Sicherheit, entkeimt und geblendet durch die Totalisierung einer fehlgesteuerten Technik, die nicht nur den Menschen selbst, sondern auch seine Umwelt in zunehmendem Maß paralysiert.

Was ist zu tun? Die Welt läßt sich nicht ändern, solange der Mensch nicht bereit ist, das Wagnis der Unsicherheit, das allein Leben möglich macht, auf sich zu nehmen. Wie dieses scheinbar Unmögliche zu ermöglichen ist, welche Wege zu beschreiten sind, damit der Mensch im fortwährenden Sichselbst-Erfahren zu einer neuen Bewußtheit seiner selbst gelangt, das ist das Grundthema der nachfolgenden Erörterungen. Sie basieren auf verschiedenen Vorträgen und Radiosendungen, wurden aber für dieses Buch völlig neu zusammengestellt und bearbeitet. Gelegentliche Wiederholungen, bedingt durch die allen Beiträgen immanente Problemstellung «Organismus und Technik», wurden bewußt aufgenommen, um den gedanklichen Zusammenhang zu wahren.

Soest, Februar 1971   HUGO KÜKELHAUS

Das Wagnis
der kulturellen Evolution

Bis zum Auftreten des Menschen hat die Natur Evolution ausschließlich auf genetische Art vollzogen, das heißt durch Umformung des Erbguts der Arten mittels Veränderung der entsprechenden Gene. Wille und Bewußtsein sind bei diesen Vorgängen nur spurhaft oder gar nicht im Spiel. Mit dem Menschen tritt ein völlig neues Evolutionsprinzip in Erscheinung: die Weitergabe von Erfahrungen, Einsichten und Lebenshaltungen durch das Medium der Sprache. Durch dieses neue Prinzip ist der Mensch – wenn auch ungewisser, so doch viel zuverlässiger und umfassender als durch die genetische Evolution – mit der Möglichkeit ausgestattet, in wechselseitiger Bewirkung sich mit seiner Umwelt und umgekehrt in Wandlung und Vielfalt zu halten; ausgestattet mit der Möglichkeit, seine Existenz als eine Natur innerhalb oder, wenn man so will, oberhalb der Natur zu führen. Diese Möglichkeit ist aber nur dann realisierbar, wenn sich der Mensch ständig bemüht, das Übermittelte weiterzuentwickeln und dadurch zu bewahren. Jedes Nachlassen eines solchen Bemühens bedingt zwangsläufig ein Scheitern des neuen Prinzips.

Während im Anfangsstadium, beim Auftauchen des Menschen vor rund 2 Millionen Jahren, bis zum Auftreten des Homo sapiens vor etwa 50000 Jahren vermutlich beide Prinzipien – das genetische und das nachgenetische – gleichwertig aufeinander einwirkten, vollzog sich die weitere Entwicklung zunehmend und der Hauptsache nach durch sprachliche Übermittlung erworbener Fähigkeiten, womit sie jene Ebene bildete, die wir die «kulturelle» nennen. Mit anderen Worten: Die kulturelle Evolution gewann die

Oberhand über die genetische. Mit ihr ist das Gehirn des Menschen, als das sich diese Evolution verwirklicht, so angelegt, daß sein Volumen sich ebenso wenig zu vergrößern braucht, um besser zu funktionieren, wie sich die Gene verändern müssen, um menschliche Entfaltung zu ermöglichen. Das Gehirn «erweitert» sich vielmehr – gemäß seinem Anlageprinzip – durch Differenzierungsvorgänge, durch Unterscheiden, Vergleichen und Bewahren der Ergebnisse. Diese Prozesse, im letzten rückführbar auf die Operationen «und» – «oder», sind es, die der Rasterbildung formaler Systeme zugrunde liegen, der Apparatur von Kalkülen, den Regelspielen mit Figuren, Zeichen oder Symbolen, als welche die Erscheinungen der Welt dem Menschen verständlich und verfügbar sind.

Verfügung über die so erscheinende formale Verfassung der Wirklichkeit ist es, aus der vom Ansatz her auch jene Geräte hervorgehen, durch die sich das Gehirn in beliebiger Weise von Automatismen entlastet, die seiner lebendig sich wandelnden und erneuernden Art des Denkens nicht entsprechen. In diesem a priori gespannten Verhältnis liegt die unerhörte Herausforderung, mit der der Mensch sich selbst – oder die Natur ihr neues Evolutionsprinzip – in Versuchung führt: Denn wenn der Mensch in seiner Anstrengung nachläßt, die neuen Trittsteine seiner Millionen Jahre gegangenen Wegstrecke anzuschließen, das versuchsweise Gewonnene mit der Vielfalt des Gewordenen zu vereinen, das Ende mit dem Anfang zu konfrontieren, beide zum blitzenden Entladungsbogen zusammenzubiegen, war die Herausforderung überspannt und das Prinzip verfehlt.

Als man die Funktion der Gene zu verstehen begann, folgerte man messerscharf, daß es jetzt nur noch dessen bedürfe, ungünstige Gene zu bekämpfen [durch Verhinderung der Fortpflanzung] und die besten [durch biochemische Manipulation] zu fördern. Was man dabei übersah, ist die unbestreitbare Tatsache, daß das Ziel einer solchen «Eugenik», die genetische Gleichheit aller Individuen, dem Lebensgeschehen zuwiderläuft, das ja gerade in der Erhaltung der Vielfalt liegt. Demgegenüber erhebt die kulturelle Evolution die ganz andere Forderung – und darin besteht ja ihr Wagnis –, statt einer Veränderung der Gene Lebensbedingungen zu schaffen und vorauszuplanen, unter denen die Völker und die Individuen die Vielfalt ihrer ererbten Möglichkeiten am besten verwirklichen können. Eben dieses Entwicklungsspiel ist es, das die höchst bewegten Vorgänge trägt, durch die sich – zugleich mit der wachsenden Einsicht in die Natur der Menschheit als einer vielheitlich geordneten Gestalt – entsprechende Formen des Miteinanderlebens herausbilden.

Was in der Erscheinung des Menschen gewagt wird, was hier auf dem Spiel steht, wird deutlich, wenn wir uns vergegenwärtigen, daß sich die differenzierende Abstraktionsfähigkeit des Menschen, das Denken, das ihn von der Amöbe unterscheidet, einer Zelle bedient, die mit der undifferenzierten Amöbe die gleichen allgemein-biologischen Eigenschaften teilt. Lediglich die Art und Intensität ihrer Wechselwirkung, die rein formale Figuration ihrer Bestandteile ist es, durch die sich die lebende Materie gegenüber ihrem Ausgangszustand auszeichnet… derart, daß bei Störung der Figuration auch der Ausgangszustand nicht wieder erscheint. In gleicher Weise und mit der gleichen Verletzbarkeit treibt die kulturelle Evolution dahin, mit der Gattung Mensch eine Zustandsänderung zu erreichen, die der balancierenden Differenziertheit der Gehirnvorgänge entspricht. Alles hängt hier mit allem zusammen, Einheit und Dauer sind nur als vielgestaltig sich Wandelndes vollbracht.

Bis vor zwanzig Jahren konnte der Mensch noch glauben, sein Leben und sein Tod seien nur ein winziger Punkt in dem übermächtigen Strom, der seit erdgeschichtlichen Zeiten aus der Vergangenheit in die Zukunft dringt. Wenn er, der einzelne, starb – die Menschheit nahm ihn auf in den Schoß ihrer Geschichte. Ihr Leben – das Leben – ging weiter. Dem ist nicht mehr so. Durch die rasante Entwicklung der Informationsmedien ist der einzelne in ein Netz weltweiter Kommunikation geraten, aus dem es kein Entrinnen gibt. Alles Erkennen, Begreifen, Entdecken und Erfinden einiger weniger sind, ob wir wollen oder nicht, längst Akte eines Geschehens geworden, das die Spezies Mensch als Ganzes betrifft. Das große Wagnis der Evolution [mit Namen Mensch] drängt dahin, um den Preis spektakulärer Umbrüche und Einschmelzungen alles Gewordene auf eine Karte zu setzen – nicht, um es zu zerstören, sondern um es vor der drohenden Nivellierung, der Entropie der Vorgänge, dem Kältetod zu bewahren; um die in Millionen Jahren so mühsam erworbene Vielfalt dessen, was Menschenantlitz trägt, zu retten und in einer den Erdball umspannenden «Aufhebung» zu einer qualitativ neuen Zustandsform weiterzuentwickeln – der planetarischen Menschheit.

Damit ist die Menschheit als Gattung heute ebenso verletzlich wie bis vor kurzem der einzelne selbst. Und nicht nur sie, sondern mit ihr auch der Planet, den der Mensch bewohnt. Seit vor 25 Jahren die durch menschliche Gehirnleistung entbundene Kernenergie in der Atombombe auf Hiroschima eines ihrer beiden Janushäupter erhob, steht die Lebensempfindung des Menschen als Individuum und als Gattung vor einem Vakuum. Vor 25 Jahren konnte man sich noch an Maßstäben orientieren, die im Glauben an das Weiterleben der Spezies Mensch und ihres Planeten wurzeln. Diese Maßstäbe, Zeugen einer vergangenen Zeit, liegen unter den Trümmern von Hiroschima begraben. Natürlich klingen die überkommenen Losungen noch lange in den Ohren, aber sie sind nichts anderes als außer Kurs gesetzte Klischees. Die Entbindung der Kernenergie zwingt zu neuen Maßstäben – Maßstäben, die der Manipulation des Biologischen entgegenwirken.

Ein Vierteljahrhundert ist vergangen, seit der Mensch zum erstenmal mit der drohenden Gefahr einer totalen Selbstvernichtung konfrontiert wurde, einer Vernichtung nicht nur seiner eigenen Gattung, sondern auch der sein Überleben garantierenden Umwelt. Geschehen ist seitdem so gut wie nichts, ungeachtet der zahllosen Kassandrarufe: Der Abbau der Biosphäre geht weiter. Schon beginnen die industriellen Abgase die Erdhülle zu durchdringen und in den Weltraum einzutreten. Die Oberfläche der Weltmeere ist bereits bis zu 15 Zentimeter Tiefe verbleit. Die europäischen Binnengewässer sind praktisch zu zwei Drittel tot. Technisch wäre es längst möglich, daß alle Autos mit entgiftenden Apparaten versehen wären. Aber der Rang, den das Profitdenken im Bewußtsein des Menschen einnimmt, setzt jede bessere Einsicht matt. Doch das ist noch nicht alles. Komplementär zur Umwandlung des eigenen Planeten in einen Müllhaufen baut der Mensch auch seinen eigenen Organismus ab, insbesondere seine Umweltorgane.
Diagnosen wie diese haben heute keinen Seltenheitswert mehr: Die Welt vibriert von Informationen, Analysen und beschwörenden Appellen an die Vernunft. Bewirkt haben sie allerdings nichts. Es scheint, als ob all die weltweit gemachten Anstrengungen in einem Vakuum verpufften. Und es scheint nicht nur so – es trifft auch tatsächlich zu. Denn all diese Anstrengungen appellieren an die Vernunft –

also an etwas, das es eigentlich gar nicht gibt. Vernunft als etwas Vorhanden-Gegebenes, etwas Aktual-Konstantes und Stabiles gibt es nicht. Vernunft ist kein Objekt, sondern ein Prozeß. Sie ist etwas Werdendes, im Werden Begriffenes, überall dort und nur dort anzutreffen, wo Werdendes geschieht. Dort ist sie tätig, dort erreicht sie ihre Identität.

Aus dieser Perspektive gesehen kann es kaum verwundern, daß all die ernstgemeinten Appelle und Anstrengungen, dem zunehmenden Abbau der Biosphäre Einhalt zu gebieten, bislang wirkungslos geblieben sind. Denn das, was zu tun ist und zu tun möglich ist, besteht nicht darin, die Lawine der Unvernunft abzubremsen, sondern darin, dem keimenden Leben Raum zu geben. Dies wiederum ist nur möglich, wenn der Mensch lernt, die fehlgesteuerte Technik von heute den Bedürfnissen seiner Organstrukturen und den daraus resultierenden Prozessen anzupassen. Mit anderen Worten: Wir brauchen eine organlogisch orientierte Technik – eine Technik, die vom Organismus gesteuert wird und mit ihm korrespondiert.

Wie aber läßt sich eine solche Anthropotechnik verwirklichen? So auswegslos diese Frage klingt – ihre Beantwortung ist höchst einfach: durch permanenten konkreten Rückgriff auf den Organismus, das aber bedeutet auf den kindlichen Organismus. Denn die menschlichen Keimprozesse erreichen ihren Gipfel im Grunde nur in einer einzigen Phase, in der Kindheit, in deren Verlauf die nachgeburtliche Entwicklung des Menschen ihren Abschluß findet. Allerdings hat die Natur auch hier für einen gewissen Ausgleich gesorgt: Auch im Erwachsenen lebt ein Kind, auch in seinem Organismus vollziehen sich Keimprozesse – Prozesse, die uns bei näherer Betrachtung vielleicht sogar Maxime und Axiome für eine organlogische Entwicklung der Technik durch die Technik selbst aufzeigen können.

Die Technik ist organlogisch am weitesten auf einem Gebiet entwickelt, wo man es am wenigsten vermutet: auf dem Gebiet der Kybernetik. Denn hier ist es dem Menschen zum erstenmal gelungen, eines seiner Organe, nämlich das Gehirn, seinen Vorgangsgesetzen gemäß zu entwickeln, indem er die Prozesse dieses Organs, die Denkprozesse, gemäß dem Anlageplan des Gehirns vollzog. Konkret gesagt: Die Denkmaschinen, die heute den Gesamtorganismus des Menschen in akuter Weise herausfordern, sind in Nachahmung der natürlichen Denkprozesse konstruiert worden. Um den geistesgeschichtlichen Weg, der zur Denkmaschine geführt hat, zu verstehen, brauchen wir uns nur die Hauptetappen der Geschichte der Mathematik zu vergegenwärtigen, die im Grunde ja eine Geschichte der zunehmenden Selbstobjektivierung des Denkens ist. Ausgangspunkt unserer Betrachtung sind die Assyrer, die, wie wir wissen, ein relativ hoch differenziertes Rechenverfahren hatten. Ihre Arithmetik erschöpfte sich jedoch darin, daß die Rechnungen, die sie anstellten, in praxi stimmten. Ganz anders die Griechen! Sie interessierten sich weniger für das Resultat ihrer Rechenoperationen als für die Art und Weise, wie dieses Resultat zustande kam. Mit anderen Worten: Die Griechen machten das Denken zum Gegenstand des Denkens und begannen damit, das Denken zu denken. Darin liegt ihre eigentlich evolutionäre Tat.

Eine dritte Stufe der Objektivierung des Denkens setzte im vorigen Jahrhundert mit den Mathematikern Gauß und Rieman ein und wurde dann in unserem Jahrhundert vor allem durch Hilbert und von Neumann weiter ausgebaut. Fortan fragte man nicht mehr danach, wie das Denken zustande kommt, sondern objektivierte die Strukturen dieses Zustandekommens. Auf diese Weise wurde die auf Metaprozessen[1] beruhende Mathematik noch einmal objektiviert und von aller Begrifflichkeit entleert – sie wurde regelrecht maschinisiert. Seitdem sind es nur noch inhaltsfreie Schaltvorgänge, die das mathematische Denken realisieren und damit die Denkmaschinen ermöglichen. Der Effekt dieses sich selbst objektivierenden Denkens ist, daß wir heute in Bruchteilen von Sekunden Entscheidungen fällen können, für die man vor rund einem Jahrhundert noch ungefähr 500 Jahre, vor einem halben Jahrhundert etwa 70 Jahre und mit den ersten IBM-Maschinen immerhin noch sechs bis acht Minuten gebraucht hätte. Erst die letzte Entwicklung der IBM-Maschinen hat den Effekt gehabt, daß nunmehr in Sekundenschnelle Entscheidungen getroffen werden können, die den Anforderungen der Astronautik entsprechen. Aufgrund der Tatsache, daß sich das Gehirn zweimal selbst objektiviert hat, ist es also dem Menschen möglich geworden, der Ausweglosigkeit seines eigenen Planeten, wenngleich zeitlich äußerst begrenzt, zu entfliehen.

Dieser Ausbruch in den Weltraum, der bisher wohl aufsehenerregendste Effekt des sich von sich selbst distanzierenden und sich selbst objektivierenden Menschen, hat ganz neue Lebensräume eröffnet. Neue Wirklichkeiten sind eingebrochen, dadurch daß sich der Mensch selbst gewissermaßen von außen her noch einmal machte, sich selbst technisierte. Doch täuschen wir uns nicht: Auch ein Ereignis wie die Mondlandung kann nicht die Tatsache verschleiern, daß die Gattung Mensch mitsamt ihrem Planeten vor dem Abgrund totaler Selbstvernichtung steht. Denn was dem Men-

[1] Als Metaprozesse bezeichnet man all jene Prozesse, die sich selbst zum Gegenstand haben.

schen im Bereich der Kybernetik gelungen ist, die organlogische Steuerung der Denkprozesse, ist ein isoliertes Phänomen, das – aus der Perspektive der Gesamtproblematik
gesehen – die Fallgeschwindigkeit der biologischen Para-
lyse, so paradox es klingt, eher beschleunigt als bremst und
damit das Wagnis der kulturellen Evolution noch größer
macht.

Diese Behauptung mag angesichts unserer überkommenen
Vorstellungen wie eine Herausforderung anmuten. Und
dennoch kann niemand leugnen, daß der Mensch ein Universum ist, in dem das Denken nur *ein* Prozeß unter vielen
ist. Oder anders gesagt: Nicht das Gehirn macht den Menschen aus, sondern die Gesamtheit aller Organe. Daraus
folgt konsequenterweise, daß sich die kulturelle Evolution
nur dann erfüllen kann, wenn der Gesamtorganismus in
diesen Evolutionsprozeß einbezogen wird.

So gesehen verwundert es kaum, daß der Mensch von heute
mit der von ihm geschaffenen Technik nicht mehr fertig
wird. Und er kann es effektiv nicht, solange es ihm nicht
gelingt, eben diese Technik in jenen Organprozessen zu
gründen, aus denen sie hervorgegangen ist. Dies wiederum
ist nur möglich, wenn der Mensch jenen Vorstoß, den er im
Bereich des Gehirnlichen durch die Automatisierung und
Maschinisierung des Denkens vollzogen hat, nunmehr auch
im Bereich des gesamten Organismus realisisert. Denn der
Mensch hat, im Gegensatz zu allen anderen Lebewesen, sich
und seine Organe, gleichsam einer Devise Goethes folgend,
zum Objekt seiner Organprozesse gemacht. Während das
Tier seine Organe hat und sozusagen ferngesteuert funktioniert, hat der Mensch seine Organe erst dann, wenn er sie
selbst macht, wenn er sie selbst entwickelt – so wie man,
wiederum einen Ausspruch Goethes frei abwandelnd, ein
Erbe erst dann besitzt, wenn man es erwirbt, und zwar

ständig erwirbt. Mit anderen Worten: Der menschliche Organismus ist keine Vorhandenheit, sondern eine Möglichkeit, ein Potential, das erst aktual gemacht werden muß. Damit ist deutlich geworden, warum jedes Appellieren an die Vernunft als etwas Vorhandenes zwangsläufig zum Scheitern verurteilt ist. Um so intensiver stellt sich dann aber die Frage, was der Mensch tun kann, um dem Dilemma «Organismus und Technik» zu begegnen. Die Antwort ist durch das bisher Gesagte bereits vorgezeichnet: Nachdem es dem Menschen gelungen ist, sein Gehirn organlogisch zu instrumentieren, gilt es nunmehr, die gleiche Methode auch den anderen Organen angedeihen zu lassen, insbesondere den Sinnesorganen, durch die das Innen und Außen, Subjekt und Objekt, zu neuen Einheiten aufgehoben werden. Das Auge ist sehlogisch, das Gehör hörlogisch, das Skelett-Muskel-System bewegungslogisch zu instrumentieren. Worauf es ankommt, ist also, das Sehen zum Gegenstand des Sehens, das Hören zum Gegenstand des Hörens, das Sich-Bewegen zum Gegenstand des Bewegens zu machen. Denn darin liegt ja gerade das besonders Menschhafte, daß sich das Leben des Menschen ausschließlich als *er-lebtes Leben* verwirklichen kann. Verliert der Mensch die Fähigkeit, das Leben zu *er-leben*, so fällt er nicht etwa auf frühere Stufen des Vegetativen und Animalischen zurück, sondern durch diese Stufen hindurch in chemisch-physikalische Bereiche.

Wie aber läßt sich das Leben erleben? Oder anders gefragt: Welches sind die Methoden, durch die es gelingt, das Sehen zu sehen, das Hören zu hören, das Sich-Bewegen zu bewegen? Diese Frage im Sinne eines theoretischen Systems zu beantworten, hieße nicht nur die Frage selbst, sondern alles bisher Gesagte ad absurdum führen. Wir können in diesem Zusammenhang nur die Richtung aufzeigen, in der eine

Beantwortung möglich ist; und diese Richtung ergibt sich aus dem allen Methoden zugrunde liegenden Prinzip, daß sich der Mensch nur im dinglichen Umgang mit der ihm entgegenstehenden Welt erfahren kann. Die Antwort als solche ist, der Fragestellung gemäß, identisch mit den Methoden selbst. Sie aktiv zu veranschaulichen, das heißt, den Leser gleichzeitig zum Mitvollziehenden zu machen, ist Sinn und Zweck des nachfolgenden Beitrags. Wer zuhört und nachsinnt, wird den roten Faden, der sich durch das Dickicht des Erscheinenden zieht, nicht nur finden, sondern erfinden. Und mit diesem selbstgefundenen roten Faden haben sich ihm bereits jene Pforten geöffnet, hinter denen nie betretene Gefilde seiner eigenen Lebendigkeit liegen – eben jener Lebendigkeit, die nur im Abstand von sich selbst möglich ist und den Prozeß der kulturellen Evolution in Gang hält.

Auge und Vegetativum (nach Hollwich)
Auge und Zwischenhirn (nach Becher)

Nicht das Auge sieht: der Mensch sieht.
Was am Auge fehlgeleistet wird, trifft
den Organismus insgesamt. Dieser Zusammenhang ist <u>keim-</u>
<u>geschichtlich</u>
<u>begründet</u>.

Sehrinde

Lateraler
Kniehöcker

<u>Optische</u>   Vegetative
Sehbahn   Zwischen-
sekundär   hirnkerne   Klein-
                                   hirn

Hypophyse

<u>Energetische</u>
Sehbahn
<u>primär</u>

Die Augenkerne <u>entstehen</u> im Leistungszusammenhang mit hormonsteuernden Organen am Hirnstamm. Durch die damit
entstehende Sehbahn ("energetische" S.)
ist das Sehen ein hormonsteuerndes
<u>Primär</u>geschehen. Als <u>sekundäre</u> Sehbahn
baut sich die "<u>optische</u>" S. darauf auf.
Die organwidrige Fehlsteuerung der industriellen Produktion von gleichbleibender Helligkeit beruht auf der Verkennung des <u>rhythmischen Charakters des</u>
<u>Lichtes sowie des Auges</u> und seiner Funk-
tionsbedingungen. Gleichförmige und
schattenarme Helligkeit ist Entzug von
Licht. Die damit angerichteten Schädigungen sind infolge der Bedeutung des
Lichtes für organisches Leben entsprechend tiefgreifend. Sie treffen besonders Frauen und Kinder (Schulkinder).

Auge und Vegetativum (nach Hollwich)
Auge und Zwischenhirn (nach Becher)

Nicht das Auge sieht: der Mensch sieht. Was am Auge fehlgeleistet wird, trifft den Organismus insgesamt. Dieser Zusammenhang ist keimgeschichtlich begründet.

Sehrinde

Lateraler Kniehöcker

Vegetative Zwischenhirnkerne

Optische Sehbahn sekundär

Kleinhirn

Hypophyse

Energetische Sehbahn primär

Die Augenkerne entstehen im Leistungszusammenhang mit hormonsteuernden Organen am Hirnstamm. Durch die damit entstehende Sehbahn ("energetische" S.) ist das Sehen ein hormonsteuerndes "Primärgeschehen". Als sekundäre Sehbahn baut sich die "optische" S. darauf auf. Die organwidrige Fehlsteuerung der industriellen Produktion von gleichbleibender Helligkeit beruht auf der Verkennung des rhythmischen Charakters des Lichtes sowie des Auges und seiner Funktionsbedingungen. Gleichförmige und schattenarme Helligkeit ist Entzug von Licht. Die damit angerichteten Schädigungen sind infolge der Bedeutung des Lichtes für organisches Leben entsprechend tiefgreifend. Sie treffen besonders Frauen und Kinder (Schulkinder).

Die Phantasie des Leibes

In einem Brief Albert Einsteins an Max Born aus dem Jahre 1947 heißt es: «Immerhin kann ich mich auf kein logisches Element berufen, um meine Überzeugungen zu verteidigen – es sei denn mein kleiner Finger, alleiniger und schwacher Zeuge einer zutiefst in meiner Haut verankerten Ansicht.» Wir dürften schwerlich geneigt sein, dieses Bekenntnis eines Genies, auf dessen Abstraktionsvermögen die vor gut einem halben Jahrhundert in Gang geratenen weltumspannenden Veränderungen der Realitäten zurückgeht, mit denen «fertig» zu werden unser Leben bestimmt ist, als belanglos beiseite zu schieben, zumal diese Worte an einen Mann gleichen Ranges gerichtet sind. Es ist nicht irgend jemand, der dies gesagt hat, und es ist nicht irgend jemand, dem es gesagt wurde.

Dieser Umstand verpflichtet zum Aufhorchen. Denn was hier gesagt wird, bedeutet ja nicht mehr und nicht weniger, als daß der Organismus mit Haut und Gliedern zum Ankergrund und Zeugenstand der Produkte eines Intellekts von höchsten Abstraktionsgraden gemacht wird. Wenngleich wir die Tragweite dieser Aussage vorerst nur erahnen, müssen wir doch zugeben, daß sie der herkömmlichen Auffassung von den Leistungen des Intellekts erheblich zuwiderläuft. Denn diese basiert auf der Vorstellung, das Hervorbringen von Ansichten – zumal solcher, die zum Bereich der Naturwissenschaften gehören und die de facto die Welt verändert haben – vollziehe sich gerade in und durch Ablösung vom Organismus.

Dieser landläufigen Auffassung steht Einsteins Bekenntnis entgegen, indem es, auf eine kurze Formel gebracht, besagt: Nicht das Gehirn denkt, sondern der mit Haut und Gliedern erlebende Mensch als Ganzes ist es, was denkt. Die Herausforderung, die in diesem Bekenntnis liegt, zielt in eine andere Richtung als die, eine Vermehrung von Informationen zu erfahren. Es geht vielmehr darum, den schwachen Zeugen kennenzulernen, der sich hinter allen wie immer gearteten Kenntnissen, Vorstellungen, Denkmodellen, Theorien und Hypothesen verbirgt und den Einstein beim Namen nennt: den kleinen Finger, die Haut.

Einen kleinen Finger, eine Haut haben wir alle. Wenn also der Hinweis Einsteins ernst zu nehmen ist, müßten wir über den gleichen Ankergrund weltbedeutender Ansicht verfügen wie er. In der Tat, Einstein hat selbst zu erkennen gegeben, daß es ihm unmöglich sei, sich anders als einen normalen, durchschnittlichen Menschen zu empfinden. Und doch ist es gerade die Berufung auf den kleinen Finger, eine logische Konsequenz dieser Selbstempfindung, die uns normale Sterbliche bei einem Genie so verblüfft. Besagt sie doch beinahe: Der Mensch, wenn er Mensch ist, ist ein Genie…

Unsere Frage – es mag töricht oder verwegen klingen, sie so zu formulieren – hat der ihr innewohnenden Richtung gemäß zu lauten: Haben wir das Verhältnis zu unserem kleinen Finger bewahrt, oder haben wir es verloren? Und wenn wir es verloren haben, wie können wir es wiedererlangen, wie weiterentwickeln?

Um letzteres soll es hier gehen. Wir fragen also nicht: Was gibt es zu wissen? Sondern wir fragen: Was gibt es zu *tun*? Das ist nicht gerade bequem, zumal sich die damit verbundene Aufforderung offensichtlich nur darin erfüllt, daß wir sie auf uns selbst beziehen – so wie der Patient selbst und nicht jemand anders für ihn sich der Heilbehandlung zu unterziehen hat.

Was also ist zu tun, damit unsere sogenannten höheren Fähigkeiten und Eigenschaften in unserem Organismus, in unserer Leib-Körperlichkeit, verankert oder gegründet sind, so wie beispielsweise ein Baum mit seinem Wurzelwerk in der Erde verankert ist?

Nicht das Gehirn denkt, sondern der mit Haut und Gliedern erlebende Mensch! Mit dieser formelhaften Feststellung ist etwas Grundsätzliches über die Verfassung des menschlichen Organismus ausgesagt, das wir uns zunächst anhand von zwei Beispielen veranschaulichen wollen.

Wohl die meisten von uns kennen, sei es aus eigener Erfahrung oder aus Berichten, die Erscheinung, daß amputierte Glieder mit genauer Ortung weiterhin schmerzempfindlich sind. Dieses Phänomen, auch Phantomschmerz genannt, könnte man sich dadurch erklären, daß das betreffende Glied einmal ausgebildet war und die damit gemachten Erfahrungen zu Gedächtnisinhalten geworden sind. Was sich im Schmerz manifestiert, sind also gewisse Erinnerungskräfte oder Gedächtnisenergien. Inzwischen hat jedoch das schwere Los der Contergan-Kinder Anlaß gegeben, die Hintergründe dieses Phänomens genauer zu erforschen und die Konsequenzen, die sich daraus für die Vorstellung vom menschlichen Organismus ergeben, neu zu überdenken. Denn in einer auch den Wissenschaftler, und gerade ihn, erschütternden Weise hat sich herausgestellt, daß arm- und beinlos geborene Kinder – Menschen also, die noch nicht wie die Amputierten über Gliedmaßenerfahrungen verfügten – nicht nur Schmerzempfindungen in den nicht vorhandenen Gliedern haben, sondern auch Empfindungen, die den natürlichen Funktionen jener Glieder entsprechen. Kinder, die nicht nur ohne Finger, sondern auch ohne Hände, ohne Arme und Beine zur Welt kamen, lediglich mit verstümmelten Ansätzen an Schultern und Becken, lernen plötzlich im Schulunterricht Rechnen, indem sie – ganz von sich aus, als wäre es selbstverständlich – an Fingern abzählen, die sie nie gehabt haben, die nie entwickelt waren. Was geschieht hier? Man sollte den Atem anhalten: Arm- und beinlos geborene Kinder greifen um sich mit Phantomarmen, durchmessen die Welt mit Phantombeinen, zählen und rechnen mit Phantomfingern. Diese Katastrophe ist Verkündigung und Mahnung zugleich – ein eindringliches Zeugnis dafür, daß alles Stückwerk Mensch nicht nur die dingliche Möglichkeit hat, der ganze Mensch zu werden, sondern selbst diese Möglichkeit ist. Aber auch im umgekehrten Sinn behält das Zeichen seine Gültigkeit, indem es besagt: Das Verhältnis des Phantomleibes zu seinen nicht vorhandenen Gliedern ist das Verhältnis des Organismus. sofern er lebt, zu sich selbst.

Das zweite Beispiel, ein im Rahmen der Astronautik durchgeführter Test, basiert auf der Frage: Wie verhält sich der menschliche Organismus, wenn er Bedingungen und Umwelteinflüssen ausgesetzt ist, die der Anlagestruktur seiner Organe widersprechen. Auf unseren Fall bezogen: Was geschieht mit einem Menschen, wenn seine Sehprozesse einer organwidrigen Beanspruchung unterworfen werden, wie es beispielsweise durch Maskenbrillen möglich ist? Die Gläser einer solchen Brille sind so geschliffen, daß die gesamte optisch wahrnehmbare Welt vollständig verzerrt erscheint. Nicht nur, daß keine gerade Linie, kein rechter Winkel, nichts Vertikales und Horizontales mehr zu sehen sind – auch die Entfernungen lassen sich nicht mehr schätzen. Was nah ist, erscheint fern, das Ferne nah; die Perspektive wird invers, das Hohle erscheint erhaben, das Erhabene hohl. Die Farben verändern sich unablässig, und mit jeder Bewegung taumelt das ganze Zerrbild in neue Verzerrungen…

Mit etwas Phantasie dürfte es nicht schwerfallen, sich auszumalen, wie die betreffende Versuchsperson darauf reagiert: Zunächst wird es ihr schrecklich übel, Atmung und Puls beschleunigen sich und werden arhythmisch. Muskelkrämpfe, Bewegungshemmungen und sonstige Irritationen treten auf, unter Umständen sogar Schüttelfrost und Fieber, wandernde Schmerzfelder und Halluzinationen, selbst bei geschlossenen Augen. Gelingt es dem Menschen, diesen Ansturm durchzuhalten, so ebbt er allmählich wieder ab – mit dem erstaunlichen Resultat, daß nach etwa acht Tagen, während deren die Zerrbrille nie abgesetzt wurde, die Welt durch die Zerrlinsen hindurch wieder vollständig normal erscheint. Wenn der Betreffende dann die Zerrbrille abnimmt, wiederholt sich das ganze Spiel in umgekehrter Richtung: Der Mensch sieht – jetzt ohne Zerrbrille – die Welt verzerrt, bis er sich schließlich nach acht Tagen wieder an seinen normalen Sehprozeß gewöhnt hat.

Abermals drängt sich die Frage auf: Was geschieht hier? Durch die Zerrbrille ist kein rechter Winkel zu sehen, und dennoch organisiert das Sehsystem entgegen der Verzerrung einen rechten Winkel. Also müssen die Koordinaten des Sehens im Organismus selbst verankert sein; sie brechen durch die verzerrte Welt hindurch.

Diese beiden Beispiele, aus zwei verschiedenen Organbereichen genommen, veranschaulichen – jedes auf seine Weise, aber nicht minder eindringlich –, daß der Organismus als ein Ganzes tätig ist, bis in die Genstruktur der Chromosomen. Damit erscheint auch das Bekenntnis Einsteins, der sich auf seinen kleinen Finger und die Haut beruft und nicht auf die logischen Elemente in seinem Großhirn, in einem völlig neuen Licht: Was anfänglich als kühne Herausforderung, ja Paradoxie anmutete – die Behauptung, nicht das Gehirn denke, sondern der Mensch als Ganzes –, erweist sich nunmehr als durchaus realitätsbezogen. Denn wenn wir die obenerwähnten Beispiele auf eine dem Wort Einsteins analoge Kurzformel bringen wollten, müßten wir sagen: Nicht die Glieder bewegen sich, sondern der Mensch als Ganzes – nicht das Auge sieht, sondern der Mensch.

Was hier im Speziellen ausgesprochen wurde, läßt sich auf jedes Organ übertragen, ohne daß man sich der Gefahr unverantwortlicher Spekulationen aussetzt. Das einzelne Organ steht für den ganzen Menschen, so wie der Mensch als Ganzes in jedem seiner Glieder lebt – in denen, die er nicht mehr hat oder nicht hatte, wie in denen, die er hat. Mit anderen Worten: Das einzelne Organ ist jeweils der Zustand, in dem das Ganze des Organismus sich verwirklicht; der Teil ist es, in dem das Ganze zum Ganzen wird. Was dem einzelnen Organ widerfährt oder vorenthalten wird, widerfährt dem ganzen Menschen oder wird ihm vorenthalten.

Seit Galilei hat man versucht, die Welt des Erscheinenden durch mathematische Berechnungen auf immer engere Kausalzusammenhänge zurückzuführen, bis am Ende nur noch Formeln übrigblieben. Auf diese Weise hat sich das Denken des Menschen in zunehmender Einseitigkeit zu einem ausschließlich formalen Denken entwickelt. Damit hat sich der Mensch eben jener Grundbedingung beraubt, von der sein Denken ausging und durch die allein erlebtes Leben möglich ist: der leibunmittelbaren Auseinandersetzung der ihm entgegenstehenden Welt des Erscheinenden. Wohlgemerkt, nicht die Fähigkeit zum abstrakten Denken als solche ist es, die dem Menschen zum Verhängnis zu werden droht, sondern die *Einseitigkeit* dieser Entwicklungsrichtung. Ihr gilt es entgegenzuwirken. Es geht nicht darum, die Fähigkeit zum abstrakten Denken zu unterbinden, sondern einzig und allein darum, eine Symmetrie zu dieser Art des Denkens zu finden – eine Symmetrie im Sinne der Frage: Wie wirkt eine bestimmte nicht auf mathematische Gleichungen reduzierte Erscheinung, wie wirkt Erscheinung als Erscheinung auf den menschlichen Organismus, insbesondere auf seine Wahrnehmungsglieder oder Wahrnehmungsflächen?

Es wurde bereits im letzten Beitrag darauf hingewiesen, daß all diese «Organerkundungen» nicht darauf abzielen, Kenntnisse zu vermitteln, sondern darauf, Methoden aufzuzeigen, die es uns ermöglichen, das Sehen zu sehen, das Hören zu hören, das Sich-Bewegen zu bewegen. Das erklärt, warum im folgenden gewisse Daten nicht als Elemente eines besonderen gedanklichen Zusammenhangs erörtert werden, sondern sozusagen als Monumente im Raum des erlebenden Lebens erscheinen – als Erfahrungskonstanten.

Die Frage nach der Wirkung einer bestimmten Erscheinung auf den menschlichen Organismus ist aufs engste mit der Frage verknüpft, welche Bedingungen erfüllt sein müssen, damit Erscheinung überhaupt zustande kommt. Veranschaulichen wir uns dies an einem einfachen Beispiel. Angenommen, wir befänden uns in einem dunklen Raum, in dem eine große weiße Kugel aufgehängt ist. Solange der Raum dunkel ist, können wir die Kugel selbstverständlich nicht sehen. Nähern wir uns ihr aber von einer Seite her mit einer Kerze, so tritt sie mit dem der Kerze zugewandten Teil allmählich aus der Dunkelheit heraus – zunächst wie eine Sichel, dann wie ein Halbmond –, während sich der übrige Teil kontinuierlich verschattet, bis sich seine Umgrenzung im Ungewissen verliert. Die Kugel schwebt gleichsam in einer Lösung von Dunkelheit und kommt dadurch als Kugel zur Erscheinung, daß sie aus dieser Dunkelheit auftaucht, um gewissermaßen wieder darin verschwinden zu können. Wenn wir jetzt umgekehrt die Kugel von allen Seiten her gleichförmig ausleuchten, so erscheint sie nicht mehr als das, was sie ist – ein plastischer Körper –, sondern als flache Scheibe.

Mit diesem einfachen Experiment sind wir bereits dem Grundprinzip aller Erkenntnis – jede sinnliche Wahrnehmung ist ein Erkennen, ist ein Urteil – auf die Spur gekommen, daß nämlich zum Erkennen ein Akt des Produzierens gehört. Wenn man die Kugel vollständig ausleuchtet, hat das Auge keine Möglichkeit mehr, die Kugel zu *produzieren*. Sie ist schon gegeben, und eben dadurch verliert sie ihre Erscheinungswirklichkeit. Mit anderen Worten: Erscheinung ist nur möglich im Bereich des Ungewissen. Nimmt man einer Erscheinung die Ungewißheiten, die Unentscheidbarkeiten, so ist die Erscheinung als solche wie auch der Erkenntnisprozeß unterbunden. Zum Erkennen gehört also ein Wagnis, ein Vorwärtsgehen in einem Feld von Unsicherheit.

Und noch etwas wird an diesem Beispiel deutlich: das Phänomen des Lichts. Hier zeigt sich, welche Bedingungen erfüllt sein müssen, damit Licht als Licht erscheint. Das Licht leuchtet in der Dunkelheit. Zur Lichterkenntnis gehört das Spannungsfeld Licht–Dunkelheit. Wenn wir diese Potentialdifferenz zwischen Licht und Dunkelheit aufheben, kann das Licht nicht mehr als Licht erscheinen. Der Zustand, in dem das Licht nicht mehr als Licht wahrgenommen werden kann, hat tiefgreifende physiologische Folgen. Denn mit der Nichtwahrnehmung des Lichtes wird dem Organismus ein Geschehen entzogen, von dem er eigentlich lebt. Welche Konsequenzen sich daraus im Hinblick auf unsere moderne Lichttechnik ergeben, wird an anderer Stelle noch eingehend zu zeigen sein.

Wenden wir uns jetzt einem anderen Moment zu, das den Begriff der Balance in den Bereich des Erfahrbaren rückt. Dabei wollen wir die Frage, was das Balancieren mit dem Sehen zu tun hat, zunächst außer acht lassen, zumal sich dieser Zusammenhang mit der Beschreibung des Phänomens zumindest teilweise enthüllt. Nehmen wir einmal an, wir bewegten uns balancierend auf einer Eisenbahnschiene, wie wir es vielleicht als Kinder getan haben, oder als Seiltänzer auf einem Seil. Schon aufgrund jener Erfahrungen, die wir in der Kindheit gemacht haben – sei es beim Radfahren oder eben beim Balancieren auf einer Schiene –, wissen wir, daß man zu straucheln anfängt, wenn man auf den nächsten Schritt achtet; wenn man nämlich aus Sorge, man könnte straucheln, den Punkt anstarrt, auf den man den nächsten Schritt setzt, dann strauchelt man bereits. Balancieren ist also nur möglich, wenn man nicht auf den nächsten Schritt achtet, sondern in der Blickrichtung der Schiene oder des Seils ins «Unendliche», ins Nichtverfügbare schaut und die Gehbahn nur aus den Augenwinkeln beobachtet. Ähnlich verhält es sich beim Skilaufen. Auch hier darf man eigentlich immer nur den Horizont anvisieren, muß sich gleichsam dem Horizont überlassen, um in der Bahn sicher zu fahren.

Wollte man den Prozeß, der hier geschildert ist, in einem Satz zusammenfassen, so könnte man sagen: Um sicherzugehen, muß man das Wagnis der Unsicherheit auf sich nehmen. Damit sind wir auf dasselbe Grundprinzip gestoßen, das wir bereits beim vorausgegangenen Phänomen kennengelernt haben und das für jede Art von Prozeß gilt. Allgemein formuliert: Zu jedem Prozeß gehört ein Wagnis der Unsicherheit, das Risiko des Ungewissen. Daraus folgt, daß das Gelingen eines Prozesses abhängt vom Grad der Ausgewogenheit der beiden Zustände Sicherung und Entsicherung, Beharrung und Lösung. Zu jedem Prozeß gehört eine Entsicherung. Wenn man das Wagnis des Ungewissen nicht auf sich nimmt, bleibt man auf der Stelle stehen. Dieses Wagnis erlebt jedes Kind, wenn es den ersten Schritt tut; denn dann muß es lernen, sich fallen zu lassen – ohne zu fallen. Jeder Schritt ist ein Fallen und jeder weitere Schritt ein aufgefangener Fall.

Illustrieren wir das hier Gesagte an einem weiteren Phänomen, das ebenfalls mit der Erfahrung der Balance zusammenhängt. Wir stellen uns vor, wir gingen durch einen finsteren Wald, sähen keinen Stern am Himmel und müßten auf der Stelle stehen bleiben, wenn nicht irgendwo ein Lichtfunken erschiene. Plötzlich sehen wir einen Stern. Wir atmen auf, sehen ihn an und bemerken zu unserer Überraschung, daß er unsichtbar wird, wenn wir ihn ansehen. Eine ganz analoge Erfahrung kann man machen, wenn man im Dunkeln auf eine Leuchtzifferuhr blickt: Zeiger und Ziffern werden erst dann deutlich erkennbar, wenn man sie nicht direkt ansieht, sondern in einem leichten Winkel an ihnen vorbeischaut. Ähnlich verhält es sich mit dem Stern. Auch ihn kann man im Dunkeln erst dann genau sehen, wenn man an ihm vorbeischielt.

Diese beiden Beispiele lassen klar erkennen, daß das Sehen nicht dadurch zustande kommt, daß das Auge den Gegenstand fixiert, sondern dadurch, daß es in einem leichten Winkel an ihm vorbeisieht und auf diese Weise das Objekt in Beziehung zu etwas Ungewissem setzt, zu einem objektfreien Hintergrund – zum Nichtverfügbaren. Wir haben somit einen ähnlichen Vorgang, wie wir ihn beim Balancieren kennengelernt haben: In direktem Bezug auf das Objekt verschwindet das Objekt aus unserem Erfahrungsbereich. Um eine etwas paradox anmutende Analogie zu verwenden: Was wir anfassen, haben wir nicht, und was wir wegwerfen, haben wir selbstverständlich auch nicht. Hier ist ein Drittes im Spiel – eine Distanzhaltung gegenüber dem Objekt, die zugleich ein Wagnis ist, da wir uns ja nicht an das Objekt klammern dürfen, sondern uns von ihm lösen müssen. Mit anderen Worten: Um den Stern wahrnehmen zu können, müssen wir sowohl den Stern wie uns selbst auf das keinen Halt bietende «Unendliche» beziehen.

Verdeutlichen wir uns dies noch an einer anderen Erfahrung, die man im Umgang mit blinden Kindern machen kann. Wie die meisten von uns, wenn auch unbewußt, wissen, sind blinde Kinder – zumal blind geborene Kinder – darauf angewiesen, einen Gegenstand anzufassen, um ihn erkennen zu können. Im Gegensatz zum sehfähigen Kind fassen sie ihn aber nicht mit der ganzen Hand an, sondern umtasten ihn. Denn wenn es ein komplizierterer Gegenstand ist, beispielsweise ein Löffel, irgendein Gerät oder ein Tier, darf das blinde Kind gar nicht fest zufassen, weil es damit ja nur Druck- oder Temperaturerfahrungen gewinnt. Die Erscheinung dagegen, die Form oder Gestalt, käme nicht zur Realisation. Folglich muß das Kind in einem eigentlich nie endenden Vorgang des Tastens den Gegenstand umkreisen: Erst dann kommt dieser allmählich zur Erscheinung, so wie ein Negativ im Entwicklerbad langsam sichtbar wird. Das Merkwürdige dabei ist, daß damit der Gegenstand zugleich ein Zustand wird; denn das intensive Betasten ist ja ein Bewegungsvorgang, und dieser bewirkt natürlich eine Zustandsänderung des wahrnehmenden Kindes. Der Gegenstand wird Zustand; das Objekt wird Organ [Goethe].

Damit hat sich eine neue Perspektive im Hinblick auf die Relation Erscheinung und menschlicher Organismus eröffnet. Denn was im vorangegangenen Beispiel im speziellen dargelegt wurde, läßt sich ohne weiteres verallgemeinern:

Jeder Gegenstand, den wir wahrnehmen, verändert unseren Zustand. Ja, wir können sogar noch weitergehen und sagen, daß sich im Prozeß der Wahrnehmung der Gegenstand selbst als Prozeß enthüllt.

Der Prozeßcharakter unserer Organe bedingt zwangsläufig, daß die Organe nur dann funktionieren können, wenn sie in Anspruch genommen werden. Diese Inanspruchnahme ist gleichsam die Energie, die das Organ zu seiner Existenz braucht. Auch dies läßt sich anhand eines Beispiels illustrieren, das wahrscheinlich den meisten aus eigener Erfahrung bekannt ist. Angenommen, wir müßten aus irgendeinem Grund drei Kilometer weit auf einer Autobahn gehen. Der Effekt steht außer Frage: Am Ende dieser drei Kilometer ist man müde und erschöpft. Legt man dagegen dieselbe Strecke durch einen Wald zurück, durch unwegsames Gelände, wo man sich bücken und mit seinen Augen umherschweifen muß, um nicht irgendwo anzustoßen – kurz, wo man mit allen seinen Gliedern in Anspruch genommen ist –, so fühlt man sich am Ende erfrischt und angeregt. Nicht die Inanspruchnahme des Organismus ist es also, die ermüdet, sondern gerade die Nichtinanspruchnahme, die Prozeßlosigkeit.

Welche Auswirkungen eine solche Nichtinanspruchnahme der Organe auf den menschlichen Organismus als Ganzes haben kann, demonstriert das folgende Beispiel, ein im Rahmen der Astronautentests durchgeführtes Experiment. Vor etwa sieben Jahren fragte man sich, was ein Mensch eigentlich «aushalten» könne, wenn er nichts mehr «auszuhalten» habe. Um diese paradox klingende Formulierung zu konkretisieren: Wie lange erträgt es ein Mensch, keinerlei Auseinandersetzung mit einer ihm entgegenstehenden Welt zu haben, völlig isoliert von jeglicher Reizeinwirkung zu sein? Da die experimentellen Anordungen für uns nur eine untergeordnete Rolle spielen, beschränken wir uns hier auf eine rein schematische Darstellung. Um den oben genannten Bedingungen zu entsprechen, wählte man einen Schacht, der 80 Meter unter der Erde in ein Bassin mündet. Das Bassin, etwa so groß wie ein Zimmer, war mit Wasser gefüllt, dessen Temperatur der Körpertemperatur des Menschen entsprach. In dieses Bassin «bettete» man eine Versuchsperson so, daß sie sich bewegungslos schwimmend darin verhielt, und beatmete sie künstlich. Um zugleich jede Einwirkung aus dem Widerstand des Wassers zu unterbinden, falls die Testperson beispielsweise die Arme oder den Rumpf bewegte, umwickelte man sämtliche Körperoberflächen mit einem isolierenden Material, so daß taktile Reizeinwirkungen auf die Haut unterbunden waren. Absolute Dunkelheit und Lautlosigkeit eliminierten die nun noch verbliebenen Reizmöglichkeiten.

Der Effekt dieses Zustands war eklatant. Bereits nach wenigen Minuten stellten sich panikartige Halluzinationen ein. Nach etwa sechs bis acht Minuten kam es zu derart extremen Angstzuständen, daß der gesamte Hormonhaushalt des Organismus durcheinander geriet. Nach zehn bis fünfzehn Minuten schließlich mußte man den Versuch abbrechen, weil sich das Blut aufzulösen begann. Die weißen Blutkörperchen vermehrten sich, die Hypophyse stellte ihre Funktion ein, und die Hormonausschüttung wurde gestoppt – kurz, nach zehn Minuten Prozeßlosigkeit begann sich der Organismus zu zersetzen.

Damit wird überdeutlich, wovon der Mensch lebt – nämlich von der Auseinandersetzung mit einer ihm entgegenstehenden Welt. Erst im Umgang mit dem Gegen-Ständlichen erfährt der Organismus jene Inanspruchnahme, durch die allein erlebtes Leben möglich ist – eine Inanspruchnahme, die merkwürdigerweise in einer Minimalforderung besteht und nicht, wie man annehmen könnte, in einer Maximalforderung. Um es an einem Beispiel zu verdeutlichen: Die Kunst des Sehens besteht nicht darin, Rot von Blau zu unterscheiden, sondern darin, Rot von Rot. Das Ungleiche im gleich Erscheinenden zu entdecken, das Gleiche im Ungleichen – darin besteht die Kunst der Wahrnehmung überhaupt, ja jedes Erkennen. Erkennen ist also ein Balancieren zwischen Unterschied und Gleichheit. Je geringer die Unterschiede sind, desto größer ist die Anstrengung, sie zu erkennen. Oder anders gesagt: Die Minimalentdeckung ist die anspruchsvollste. Anspruchsvoll auch in dem Sinn, daß sie ein unablässiges Üben voraussetzt, wie ja das Leben im Sinne eines erlebten Lebens sich überhaupt nur als ein fortwährendes Üben verwirklichen kann.

Wir haben uns bei der Umwanderung der einzelnen Phänomene von dem Gedanken leiten lassen, nicht unser Wissen zu bereichern, sondern Methoden kennenzulernen, durch die es uns gelingt, uns selbst im Gegenüber der uns umgebenden Erscheinungen zu erkennen, uns gewissermaßen von außen her zu begegnen. Wir haben den Versuch unternommen, die eingefahrenen Bahnen des in Abstraktionen erstarrten Denkens zu verlassen und uns auf die Gratwanderung eines uns fremd gewordenen Denkens zu begeben – des gegenständlich-phänomenalen Denkens, das sich, wie der Name sagt, an Phänomenen orientiert und nicht, wie das formale Denken, an nur von ihm selbst produzierten Bezugsgefügen. Damit haben wir die Basis gefunden, auf der allein jene Verankerung des Denkens im Organismus möglich ist, wie sie im Bekenntnis Einsteins, das wir zu Beginn dieses Kapitels angeführt haben, zum Ausdruck kommt.

Versuchen wir abschließend, einige wenige Erfahrungspunkte, die wir auf unserer Gratwanderung mittelbar gestreift haben, im Sinne einer ausweitenden Perspektive noch einmal zu umwandern.

Wir haben gesehen, daß ein Organ nur so lange funktioniert, wie es dem Wagnis des Pendelns zwischen Sicherheit und Unsicherheit ausgesetzt ist. Dieses Grundprinzip aller Organprozesse gilt auch für das Denken. Das mag vielleicht befremdend klingen, da man gemeinhin immer noch annimmt, die Aussagen der Mathematik und der Logik seien für alle Anwendungsbereiche ad infinitum gültig. Inzwischen hat die mathematische Grundlagenforschung aber bewiesen, daß Denkprozesse nur so lange brauchbar sind und gelingen, als ihre Systeme Widersprüche enthalten, die innerhalb ihrer selbst unauflösbar sind.

Damit ist erwiesen, daß auch das Denken, wie jeder andere Organprozeß, ein Balancieren ist, ein Schwebezustand ohne festen Boden. Das aber bedeutet, daß weder die Mathematik noch die Logik einen Wahrheitsanspruch erheben können. Die Wahrheit wird nicht durch logische Prozesse, die ad infinitum gelten, zur Erscheinung gebracht – sie ist selbst ein Prozeß, ein Sich-Erwirkendes, und kein Zustand, der sich mit einem statischen System erfassen läßt.

Diese aufsehenerregende Entdeckung, daß Wahrheitssätze nicht ad infinitum gültig sind, sondern genauso der Beschränkung, der Selbstbegrenzung unterliegen wie etwa ein Baum, der auch nicht in den Himmel wächst, kann vielleicht den Menschen dazu bewegen, sich ebenfalls zu beschränken, wenn es um so empfindliche Objekte wie die der Biogenetik geht. Wir müssen, ob wir wollen oder nicht, aus dem «Denken in Unendlichkeiten» heraus und zu Schritten im Endlichen kommen. Wir müssen heraus aus der Sicherheit des unkontrollierbaren Unendlichen in die relative Sicherheit des kontrollierbaren Endlichen. Zu dieser Erkenntnis verholfen zu haben, ist die große Leistung der Mathematik und Logik, die ihrerseits mit der Instrumentierung des Denkens, mit seiner Maschinisierung zusammenhängt. Es ist keinesfalls so, als begäbe sich der Mensch jetzt unter die Herrschaft seiner Werkzeuge. Diese Gefahr besteht zwar – aber sie wird nur dann akut, wenn es dem Menschen nicht gelingt, eine Symmetrie zu seinem Abstraktionsvermögen herzustellen. Der Mensch bekommt die Technik nicht dadurch in den Griff, daß er ihren hemmungslosen Wucherungen ebenso hemmungslos folgt; auch nicht dadurch, daß er die Technik als solche negiert, sondern einzig und allein dadurch, daß er sich die *Fundamente* der Technik einverleibt – das heißt, durch Rückkoppelung der Grundprozesse der Technik auf sein Vegetativum, aus dem sie hervorgegangen ist. Das hingegen läßt sich am ehesten im Kind verwirklichen, weil das Kind aufgrund seiner nachgeburtlichen Weiterentwicklung noch in universalen, überindividuellen Gesetzlichkeiten lebt. Noch – aber wie lange?

Mit dieser Frage haben wir eine Problematik in den Brennpunkt gerückt, die im folgenden Beitrag näher zu erörtern sein wird. Gleichzeitig führt sie uns aber auch zu jenem anderen Erfahrungspunkt zurück, den es nochmals zu umwandern gilt, zumal er in unmittelbarem Zusammenhang mit dem vorausgegangenen steht. Ich meine das Prinzip der Balance. Was Balance bedeutet und wie sie zustande kommt, haben wir anhand des oben beschriebenen Phänomens gesehen. Der Mensch ist durch den Prozeßcharakter alles Seienden von Natur aus in ein Spannungsfeld einbezogen, das wie jede Potentialdifferenz nach einem Ausgleich verlangt, nach einer relativen Harmonisierung oder, wie wir es nannten, einer Balance. Pendelnd zwischen den Abgründen von Skylla und Charybdis, ist es dem Menschen aufgegeben, die Balance zwischen den vielfältigen Spannungen, die sein organisches Leben ausmachen, zu wahren – das heißt, sie in der Hinordnung auf den Horizont des Seins auszuwiegen. Um dieser Bestimmung gerecht werden zu können, bedarf der Mensch jedoch einer analogen Umwelt, weil er sich nur in der Auseinandersetzung mit der ihm entgegenstehenden Welt in Balance halten kann.

Die moderne Technik hat indessen dafür gesorgt, daß die Spannungsgefälle der menschlichen Biosphäre in zunehmendem Maß abgebaut werden und daß damit eine ständig zunehmende Nivellierung von Organprozessen in Gang geraten ist. Während das Kind aufgrund seiner nachgeburtlichen Entwicklungsdynamik weit weniger davon betroffen ist, sind wir Erwachsene schon heute nicht mehr in der Lage, Gegensätze zu umspannen, seien es nun politische oder soziale. Wir wähnen, nur noch mit ihnen fertig werden zu können, indem wir sie gewaltsam brechen – unter Umständen mit Panzerketten.

Demgegenüber ist der Organismus als solcher, der es ja innerhalb seiner selbst fortgesetzt mit Widerständen und Gegensätzlichkeiten zu tun hat, an sich durchaus in der Lage, diese zu harmonisieren, weil seine Verfügbarkeiten – wie in der Balance des Sehens, Gehens und Denkens erfahrbar wird – dem Nichtverfügbaren, «dem Offenen», zugeordnet sind. Der Organismus hält sich durch den Prozeß des «Transzendierens» in der Balance. Diese Tatsache erscheint einigermaßen aufregend, wenn man die Koordination ansetzt, unter der man bisher das leibliche Geschehen – besonders in der christlichen Kultur – angesehen hat. Da der Leib ohnehin sündig ist, so dachte man, sei Transzendieren wohl das letzte, wozu er fähig sei. Heute können wir uns nicht mehr der Einsicht verschließen, daß der Leib in allen seinen Prozessen überhaupt nur durch das existieren kann, was bisher Theologie und Philosophie für sich allein in Anspruch genommen haben: durch Transzendieren, das heißt durch Ablösung von sich selbst, durch Preisgabe an das Sein, durch Entsicherung. Dies ist einer der entscheidenden Schritte, die wir in den nächsten Generationen zu tun haben – die Entdeckung des Leibes als eines dynamischen Universums oder einer universalen Dynamik. Wir sind jetzt dabei, uns in das äußere Universum vorzuwagen oder hineinzufühlen. Aber wir kommen nicht darum, die Symmetrie zu diesem Ausbruch in die Fernen des Weltraums im Allernächsten, in unserer Leib-Körperlichkeit, zu entdecken und herzustellen. Erst dann haben wir die beiden gegensätzlichen Pole ausbalanciert.

Lebendiges benötigt
zu seiner Entfaltung
der Herausforderung
und Störung. Die Her-
ausforderung, die das
Sehvermögen zu seiner
Funktion benötigt,
sind Wandel und Wech-
sel, Ungewißheit und Unsicherheit im
Bereich des Sichtbaren und der Lichtquelle selbst. Eine Kugel wird bei
totaler Ausleuchtung als flache
Scheibe gesehen; während sie bei nur
einseitiger Anleuchtung und ent-
sprechender Verschattung als das
erscheint, was sie ist: ein dreidimensionaler Körper. Im Falle der
vollständigen Auslichtung ist der
Sehprozeß unterbunden. Es bleibt ihm
nichts zu suchen. Aufgrund der Wirk=
Einheit von Licht und Auge ist ein
unterbundener Sehprozeß zugleich
Entzug von Licht. Um diesem industriell betriebenen Lichtentzug zu
begegnen, setze man sich abends bei
Kerzenlicht zusammen.

Lebendiges benötigt
zu seiner Entfaltung
der Herausforderung u
Störung. Die Heraus=
forderung, die das Seh=
vermögen zu seiner Funktion
benötigt, sind Wandel u Wechsel,
Ungewißheit u Unsicherheit im Bereich
des Sichtbaren u der Lichtquelle selbst.
Eine Kugel wird bei totaler Ausleuchtung als
flache Scheibe gesehen, während sie bei
nur einseitiger Anleuchtung und entsprechen=
der Verschattung als das erscheint, was sie
ist: ein dreidimensionaler Körper. Im
Falle der vollständigen Auslichtung ist der
Sehprozeß unterbunden. Es bleibt ihm nichts
zu suchen. Aufgrund der Wirk=Einheit von Licht
u Auge ist ein unterbundener Sehprozeß zu=
gleich Entzug von Licht. Um diesem
industriell betriebenem Lichtentzug zu begegnen,
setze man sich abends bei Kerzenlicht zusammen.

Der kindliche Organismus als pädagogisches Subjekt

Entwicklungsgeschichtlich gesehen ist das Kind bis zur vollen Entwicklung seines Organismus, der im eigentlichen Sinn mit der Ausreifung des Großhirns [etwa um das achte Lebensjahr herum] als abgeschlossen gelten kann, ein außermütterlicher Embryo. Nach dem Geburtsakt, der insofern eine dramatische Umstellung der vorgeburtlich ablaufenden Organprozesse bedeutet, als sich der Embryo nun nicht mehr als Leib im Leib, sondern als Körper unter Körpern bewegt, ist die Gesellschaft sein Mutterschoß. Sie ist es, die über Sein oder Nichtsein dieser entwicklungsgeschichtlichen Frühgeburt entscheidet. Denn sie kann nur in dem Maß Mutterschoß sein, wie es ihr gelingt, die vorgeburtliche Entwicklungsdynamik des Menschen in die nachgeburtliche Zeit hinüberzuretten. Dieses Gelingen freilich ist, wie alles im menschlichen Leben, nichts Zufallendes, sondern etwas zu Erwirkendes – jedes Versäumnis dagegen eine Art nachgeburtlicher Abtreibung.

Während seines vorgeburtlichen Lebens hat sich der Mensch selbst aufgebaut, indem er seinen Organismus von Sekunde zu Sekunde als jenes soziale Universum leistete, das er seinem Anlageplan gemäß ist. Die nachgeburtliche Entwicklungsdynamik ist ihrem Wesen nach nichts anderes als eine unmittelbare Fortsetzung dieses pränatalen Geschehens und hat die Erscheinungsform des Spiels. Gegenstand dieses Spiels – Spiel ist immer ein Spiel mit Gegenständen – ist der eigene Organismus in der Auseinandersetzung mit den Erscheinungen der Umwelt. Im Spiel versucht das Kind, sich selbst in seinen Leib-Körper-Prozessen zu erfahren, indem es seinen eigenen Organismus zum Objekt des Spielens macht: im Umgang mit dem gegenständlich Anderen. Über diesen Kontakt mit sich selbst als Umwelt erschließt sich ihm zugleich der Kontakt mit der Außenwelt der Erscheinungen.

Alle Kinder sind eigentlich begierig, sich selbst zu erfahren – das heißt, nicht das zu erfahren, was ihnen die Erwachsenen erzählen oder was sie zufällig von ihnen gehört haben, sondern ihren eigenen Organismus zu erfahren, so wie es die Säuglinge tun, wenn sie mit ihren Fingern oder Füßen spielen. Versuchen wir, uns einige dieser elementaren Spielvorgänge in Erinnerung zu rufen; denn es sind im Grunde ja immer dieselben Spiele, in denen das Kind sich selbst und seine Umwelt zur Erfahrung bringt.

Kindern fällt es nicht schwer, das Sehen zu sehen: Sie stecken einfach den Kopf unter die Decke, drücken einen Moment auf die Augenlider, und schon sehen sie im Innern des Auges die erstaunlichsten Gebilde: zunächst ein Leuchten, das Leuchten nimmt Formen an, die Formen geraten in Bewegung, die Bewegungen durchdringen sich, und in dem Maß, wie sie sich durchdringen, entstehen sogar Farben, ja wunderbare Farbwelten. Diese Vorgänge sind unabhängig von den Eindrücken, die in jedem Augenblick von außen her auf die Netzhaut eindringen.

Mit derselben spielenden Leichtigkeit gelingt es den Kindern, das Hören zu hören. Auch dazu ein Beispiel, das eigentlich allen von uns vertraut ist. Kinder bringen es nur selten fertig, an einem Tunnel vorbeizugehen, ohne hineinzurufen. Denn dieses Hineinrufen vermittelt ein Erlebnis, das im allgemeinen unvergeßlich ist: das Hören eines Echos. Oder sie rufen in einen Brunnenschacht hinein, warten einen Augenblick, der Ruf entfernt sich, eine beklemmende Stille tritt ein, und dann kommt der Ruf vielfach wiederholt zurück. Daß dieses Echohören eine ganz besondere Funktion des Hörens ist, beweist schon die Tatsache, daß in gewissen Kulten der Vorgeschichte das Hineinrufen in Höhlen und das Warten auf die Wiederkehr des Rufes als religiöse Grunderfahrung gesucht und realisiert wurde. Wir brauchen nur an die Höhle bei Syrakus zu denken, die als Ohr des Dionysos galt, oder an die Höhlen in den Maya-Bauten in Mexiko.

Oder nehmen wir ein anderes Beispiel. Wenn ein Kind eine Reihe Bauklötze aufeinanderstellt, um einen Turm zu bauen, werden die letzten Bewegungen immer behutsamer. Denn eine unvorsichtige Bewegung – und das ganze Gebäude fällt zusammen. Diese Behutsamkeit, die das Kind aufbringen muß, um den Turm möglichst hoch zu bekommen, ist eine Erprobung der Schwerkraft, die von der Erde aus auf die einzelnen Würfel einwirkt. Das Kind muß also balancieren. Und dieses Balancieren wird um so anspruchsvoller, je höher das Kind kommt. Mit anderen Worten: Indem das Kind den Turm aufbaut, baut es sich selbst auf, denn dieser Turm entsteht ja nur aus der Behutsamkeit seiner Bewegung. Das Kind identifiziert sich also mit dem, was es tut – und dies nicht etwa nur in Form von Begriffen, sondern es wird das, was es tut. Das Kind lebt die Dinge als Gleichnis.

Ein anderer elementarer Spielvorgang ist die Erfahrung der Elastizität am Ball. Elastizität – wir könnten auch Rückstellkraft sagen – ist eine fundamentale Eigenschaft nicht nur des Lebendigen, sondern auch der «unbelebten Materie», zum Beispiel bei den Sphären, welche die Bewegungen der einzelnen Partikel in einem Atom um den Atomkern beschreiben. Elastizität heißt, daß etwas nach erlittener Verformung wieder in seine Form zurückspringt. Ein Schneeball ist nicht elastisch; wirft man ihn an die Wand, so bleibt er kleben. Ein Ball dagegen kehrt zurück, weil er eben diese Kraft aufbringt, sich selbst zurückzugewinnen, nachdem er verformt war. Im Bereich des Lebendigen wird eine Form überhaupt nur dadurch wirklich, daß sie sich permanent verformt. Der Verformungsprozeß ist also die Bedingung der Formgewinnung. Alles Lebendige lebt in ständiger Anpassung an oder in Umgang mit einer ihm entgegenstehenden Welt. Es kann nicht in seiner Form beharren, sondern muß, ähnlich wie das Wasser, einen Weg finden, wo es sich selbst durch Verformung bewährt. Es muß sich gleichsam verformen lassen, um seine Form gesteigert zurückzugewinnen. Diese Fähigkeit ist im Grunde auch die Basis der sogenannten Lebenskunst – der Kunst, das Leben als Mensch zu führen, sich anzupassen, ohne sich zu verlieren, sich wiederzugewinnen durch Brechungen. Um mit den Worten des Apostels Paulus zu sprechen: «Meine Schwäche ist meine Stärke geworden.»

Die Reihe solcher Spiele, in denen sich das Kind mit denselben universalen Gesetzen konfrontiert, mit denen es sich vor der Geburt aufgebaut hat, ließe sich beliebig fortsetzen. Nehmen wir als letztes Beispiel das Schwingen auf der Schaukel. Wie machen die Kinder es, daß sie selbst in Schwung kommen, wenn sie auf der Schaukel stehen und niemand da ist, der sie in Schwung bringt? Nun, sie stehen auf dem Brett, ziehen mit den Händen und drücken gleichzeitig mit den Füßen ab. Auf diese Weise entstehen zwei verschieden gerichtete Bewegungen, die, mechanisch gesehen, ein Doppelpendel darstellen, eine Asymmetrie. Diese Asymmetrie symmetrisiert sich im Gegenschlag, und dann wird das Ganze auf der anderen Seite wiederholt. So kann das Kind erfahren, wie man in Schwung kommt – nämlich dadurch, daß man ein Gleichgewicht stört. Und um weiter in Schwung zu kommen, muß man einen Rhythmus wahrnehmen; denn jedesmal, wenn die Schaukel auf der einen Seite ihren Höhepunkt erreicht hat, muß man die Anfangsbewegung leicht wiederholen. Und dadurch, daß man den Rhythmus genau trifft, kann man die Schaukel mühelos bis in die Waagerechte und sogar darüber hinaus emporschwingen. Für das Kind ist dies eine wunderbare Erfahrung, beruht doch unsere ganze Naturwissenschaft darauf, daß wir alle Vorgänge auf das Modell der Schwingung zurückführen. Das Kind bringt sich diese Schwingungen an der Schaukel zur Erfahrung. Es reflektiert sie also nicht – das Reflexionsvermögen baut sich vielmehr auf diesen Erfahrungen auf.

Aber nicht nur in den elementaren Spielvorgängen manifestiert sich die nachgeburtliche Entwicklungsdynamik des Kindes, sondern auch in den jeweiligen Lernprozessen. Das Kind – vor allem das Kind im Vorschulalter – lernt auf grundsätzlich andere Art und Weise als der Erwachsene. Während die Lernvorgänge des Erwachsenen überwiegend zerebralen Charakter haben, ist das Lernen des Kindes ein primär vegetatives und basiert auf demselben Grundprinzip wie das Spielen, dem der Reaktivierung der vorgeburtlichen Entwicklungsdynamik. Wir können uns diese Form des vegetativen Lernens leicht vor Augen führen, wenn wir beobachten, wie Kinder spielend zwei oder drei Fremdsprachen lernen. Während der Erwachsene sich mühsam die einzelnen Vokabeln der betreffenden Sprache einzuprägen sucht, lernt das Kind die fremde Lautsprache einfach dadurch, daß es die Mundbewegungen des jeweiligen Wortes mitformt, also das Sprechen spricht, und sich das gehörte Wort im Hören einverleibt. Das so Gehörte wird durch bestimmte Nervenbahnen direkt ins vegetative Zentrum geleitet und nicht etwa nur ins Großhirn; dort wird es erst später sozusagen eingeblendet.

Dieser vielleicht fremd anmutende Prozeß des vegetativen Lernens ist auch beim Erwachsenen noch nicht ganz blokkiert. Wir brauchen nur daran zu denken, wie es uns ergeht, wenn wir Musik hören. Ohne es zu wissen, schwingen wir im Rhythmus der zu Gehör gebrachten Musik mit – ein eindeutiges Zeichen dafür, daß das musikalische Hören auch nach der Ausreifung des Großhirns zunächst ins vegetative Nervensystem geleitet und erst sekundär im Hörzentrum der Großhirnrinde registriert wird.

All diese Beispiele zeigen in eindringlicher Form, daß das Spiel die elementare Voraussetzung ist, wenn sich das Kind seiner Anlagestruktur gemäß entfalten soll. Im Spiel schwingt das Kind weiter in jenen Vorgängen, die es zur Geburt gebracht haben. In ihm werden seine eigenen Organprozesse zu Gegenständen dieser Prozesse: die Gliedbewegung wird bewegt, das Gehen gegangen, das Sehen gesehen, das Hören gehört. Im Spiel erfährt das Kind durch die Erfahrung seiner eigenen Genesis die Gesetzlichkeit des gesamten Universums. Das Lernen vollzieht sich als ein Sichselbst-Lernen am gegenständlich Anderen.

Damit erweisen sich die Spiele des Kindes, je nach den in Anspruch genommenen Organen und Organsystemen, als die differenzierten Entwicklungsprozesse eines postnatalen Embryos. Auf sie muß der postnatale Mutterschoß der Gesellschaft bezogen sein. Soweit er ein räumlich-gegenständlicher ist, realisiert und manifestiert er sich als baukörperlich rhythmisierter Raum – das heißt, der Raum, der dem Kind zu seinem Entwicklungsspiel angeboten wird, muß analog der vorgeburtlichen Verhältnisse seinen Lebensprozessen aufs genaueste entsprechen. Eine bauliche Umweltplanung ist nur dann kindgemäß, wenn sie Projektion und Provokation seiner Prozesse ist. Wenn schon im sekundären Bereich der Didaktik die Bemühungen darauf gerichtet sind, den Lernstoff mit den Vorgangsformen des Lernens in Einklang zu bringen, so muß erst recht im primären Bereich des «nackten Lebens» die gebaute Welt diesen Bedingungen entsprechen. Mit anderen Worten: Die auf das Kind bezogene Architektur hat die raumzeitliche Ermöglichungsform der Entwicklungsprozesse des Kindes zu sein. Alle Didaktik, die sich nicht in einer organlogisch gebauten Kind-Umwelt abspielt, bewegt sich nicht nur in einem Vakuum, sondern produziert es auch. Der Pädagogik, die ihren Sinn darin zu suchen hat, dem Menschen im Kind zur Menschwerdung zu verhelfen, bietet sich die Lösung dieser Aufgabe darin an, daß sie die ungestörte Fortsetzung der vorgeburtlichen Geschehensordnungen sicherstellt. Wie aber sieht es realiter damit aus? Was ist bislang verfehlt worden, was ist anzustreben?

Anfang 1967 wurde in New York eine neuerbaute Schule in Dienst genommen, bei der durch Zusammenwirken bester Absichten einerseits und totaler Ignoranz hinsichtlich der fundamentalsten Entwicklungsbedingungen des Kindes andererseits eine Schule als «weiße Hölle» oder eine weiße Hölle «als Schule» erstellt wurde: keine Fenster; kein Tageslicht, auch nicht durch die kleinste Ritze, weder in den Klassen und Fluren noch im Treppentrakt oder den Aufenthaltsräumen; alle Wände vom Boden bis zur Decke weiß gekachelt; spiegelglatte PVC-Böden; ausschließlich schattenlos geführtes überhelles Leuchtstofflicht; Vollklimatisierung durch Addition biologisch absolut negativer Faktoren; keine Farben, keine Pflanzen, keinerlei Grün in der ganzen Schule; kein Schulhof als Auslauf. Und die Folge? Entwicklungsstörungen, Phobien, Neurosen, aggressive Ausbrüche bei den Kindern – psychische und physische Erkrankungen bei Lehrerinnen und Lehrern. Die Assoziation mit einem Leichenschauhaus ist zwingend. Eltern und Lehrerschaft erhoben Klage. Sie, die Farbigen[1], glaubten, die Weißen hätten ihnen die Schule gebaut, um ihre Kinder auf kalte Art und Weise umzubringen. Sie protestierten bei Architekten und Behörden, aber die Argumente fehlten. Eine kostenlose Glutaminverabreichung pro Tag war die Antwort der Behörden.

Dieses Beispiel zeigt in erschreckender Weise, wohin selbst eine von bester Absicht geleitete Umweltformung führt, wenn die elementaren Entwicklungsbedingungen des Kindes außer acht gelassen werden. Ein Ausnahmefall? Wir haben keinerlei Grund, den Kopf darüber zu schütteln. Denn unter dem Aspekt des Prinzipiellen unterscheidet sich unser Modus des Schulbaus, unsere Kenntnis vom kindlichen Organismus und der spezifischen Art seiner Lernfähigkeit nur dem Grad nach vom New Yorker Beispiel. Ein Parallelfall in Deutschland: Im Oktober 1970 stand in Neu-Isenburg [Kreis Offenbach] die erste «Fensterlose Schule in der Bundesrepublik» vor der Vollendung. Die Eltern sagten ihr den Kampf an. In Protestversammlungen kündigten sie an, ihre Kinder dieser Schule fernzuhalten. Argument der Bauherren: Diese Grundschule ist deshalb nur mit Kunstlicht ausgestattet, um den Kindern das Lernen durch Ausschaltung von Umwelteinflüssen zu erleichtern. Doch die Fallgeschwindigkeit biogener Paralysen beschleunigt sich. Dieser Regel entsprechend sind in Deutschland Architekten und Behörden mit der Planung einer ganzen Kette solcher Lernanstalten beschäftigt. Obwohl gleichzeitig die Erforschung der Kausalzusammenhänge einer derart ver-

[1] Es handelt sich um eine überwiegend für Farbige gebaute Schule.

ratenen und mißbrauchten Kindheit mit der Rauschgift-
sucht und Kriminalität Jugendlicher intensiviert wird. [Um
so dringlicher sei empfohlen, als Modell einer wahrhaft
menschlichen Architektur – so paradox es klingen mag – zu
studieren: das Vivarium und das Affenhaus des Basler Zoo,
erbaut von Kurt Brägger.]
Was hier durch totale Verkennung des Kind-Organismus
geschieht, stimmt um so nachdenklicher, wenn wir die
wachsenden Bestrebungen ins Auge fassen, das Kind möglichst früh in die Gesellschaft zu integrieren, indem man den
engen Rahmen des Elternhauses sprengt und durch Horte
sozialer Prägung wie Kindergärten, Vorschulen usw. erweitert. Die eigentlichen Horte, in denen sich der Mensch
von morgen entwickelt, sind also weitgehend soziale Institutionen der Schule, was dem Schulbau als solchem beson-
deres Gewicht verleiht.

Wir haben zu Beginn unserer Erörterung gesehen, daß sich
das Kind – namentlich im Vorschulalter – seine Außenwelt
einverleibt, indem es sich die Gesetzmäßigkeiten seines eigenen Organismus und der ihm entgegenstehenden Welt im
Spiel zur Erfahrung bringt. Das Kind ist also von Anfang an
auf das Spiel hingeordnet, wobei die Regeln dieses Spiels
den fundamentalen Gesetzen seiner pränatalen Entwicklungsdynamik entsprechen. Um diese vegetativen Entwick-
lungsspiele vollführen zu können, bedarf das Kind, wie
bereits angedeutet, baukörperlich rhythmisierter Räume –
das heißt Räume, die durch ihre Zustandsunterschiede eine
dauernde Provokation der Bewegungs- und Sinnessysteme
darstellen. Es bedarf einer räumlichen Welt, die den modernen Erkenntnissen einer inkonstanten Raum-, Licht- und
Bewegungsführung gerecht wird: einer durch Niveauvor-
sprünge labyrinthisch geführten Welt, in der es in immer

neue Räume des nicht voll verfügbaren, überraschungsbietenden, quasi Risikohaften eindringen kann.

Welche Konsequenzen eine Mißachtung dieser elementaren Grundgesetze jeder auf das Kind bezogenen Architektur hat, haben wir am Beispiel der «weißen Hölle» von New York gesehen. Was können wir daraus lernen? Unwissenheit ist angesichts der weltweiten Kommunikationsmöglichkeiten keine Entschuldigung mehr. Während die Massenmedien der ganzen Welt mit wachsender Besorgnis darauf hinweisen, was der Mensch in seiner Leib-Körper-Struktur zum Leben braucht, bauen wir unbekümmert «hochmoderne» Schulen, auf denen der Fluch einer total mißverstandenen Perfektion der Technik lastet – der Fluch maximaler Konstanz und Gleichförmigkeit, sei es im Bereich der Lichttechnik, der Raumführung, der Klimatisierung oder was immer zur räumlichen Umweltformung gehört.

Wir wissen, daß sich die gebaute Umwelt, in die wir unsere Kinder schicken, wenn sie in den Kindergarten oder in die Schule kommen, dadurch auszeichnet, daß ihre Fussböden vollkommen strukturlos sind. Spielräume, Klassenzimmer und Flure sind heute fast ausnahmslos mit spiegelglatten PVC-Böden ausgelegt, einem synthetischen Kunststoff, der neben vielen anderen Mängeln auch noch zwecks Ableitung der Körperelektrizität einer antistatischen Behandlung bedarf. Kurz, das Kind wird in eine Umwelt gezwungen und hält sich eigentlich den halben Tag oder auch länger darin auf, um das zu erfahren, was wir beim Gehen auf der Autobahn erfahren haben: Ermüdung dadurch, daß die Organe wegen der Ausschaltung prozeßauslösender Zustandsunterschiede nicht in Anspruch genommen werden. Für das Kind ist diese Nichtbeanspruchung der Füße weitaus folgenschwerer, weil das Laufen – wie jede andere Fußerfahrung – eine Grundbedingung für die Entwicklung des kindlichen Organismus ist.

Dieser Sachverhalt resultiert aus der vorgeburtlichen Entwicklung der Bewegungsgliedmaßen allgemein. Wir sind gewöhnlich der Meinung, die Hände seien zum Greifen da, die Beine und Füße zum Gehen. Daß wir damit die Gliedmaßen vom «Zweck» her interpretieren, wird uns nur in den seltensten Fällen bewußt. Ein ganz anderes Bild ergibt sich indessen, wenn wir uns vergegenwärtigen, wie sich die Gliedmaßen im Embryo selbst anlegen. Denn hier wird deutlich, daß sie sich keineswegs dazu anlegen, um später diesen oder jenen Zweck zu erfüllen, sondern als Raumgesten während der Bewegungen, die der Embryo ausführt, um zu sich selbst zu kommen, sich selbst zu verwirklichen. Im Prinzip könnte man sagen, daß die Gliedmaßen die Bewegungsformen des ganzen Organismus – der einzelnen Organe wie der Organsysteme – nicht nur aufnehmen, sondern sogar stimulieren und dirigieren. Nach der Geburt zeigt sich dann, daß zum Beispiel die Hände in gewisser Weise eine autonome Vernunft haben, ein eigenes Gedächtnis, ja sogar einen eigenen Verstand, der dem Denkvermögen des Großhirns in gewissem Sinne «voraus» ist.

Immanuel Kant sagte: «Die Hand ist das äußere Gehirn des Menschen.» Jeder, der manuell tätig ist, kann dies bestätigen – sei er nun Musiker oder Bildhauer. Seine Hände haben seinem Verstand gegenüber etwas voraus, nämlich die Universalität der Bewegungen. Mit anderen Worten: Die Bewegungen der Hand sind weniger auf ganz bestimmte Ziele gerichtet als vielmehr darauf, die spezifischen Ziele, die sich das Gehirn setzt, in Zusammenhang mit vielen anderen Zielen zu bringen und so gleichsam eine Zielgestalt zu formieren. Hinzu kommt, daß beim Neugeborenen die Tastkörperchen an den Fingerspitzen eine mehrfach größere Anzahl ausmachen als die beim Erwachsenen. Und das gilt in noch höherem Maß für die Fußsohle.

Der Fuß des Menschen hat in der Tat eine besondere Bedeutung. So wie die Hand sich zum Großhirn als dessen Nachaußen-Wendung verhält, ist der Fuß das nach außen gewendete autonome oder vegetative Nervensystem, in Sonderheit die Fußsohle. [Eine besondere Spielart der «Akupunktur» basiert auf den Reflexzonen der Fußsohle, z.B. in Tibet.] Außerdem ist der Fuß gleichsam die Antenne für alles, was unterhalb des stehenden Menschen vor sich geht. Im Aramäischen ist das Wort für Mensch identisch mit dem Wort für Fuß. Der kultische Brauch der Fußwaschung, wie er noch heute in den christlichen Religionen gepflegt wird, bedeutet eigentlich Waschung des ganzen Menschen. Diese Gleichsetzung von Mensch und Fuß äußert sich auch in den Fußabdrücken, die sich an den Lehmwänden bestimmter vorgeschichtlicher Höhlen finden. Sie stammen von Priestern der damaligen Zeit und sind fortwirkende Spuren ihres Seins.

Wenn wir aus dieser Perspektive die Gegebenheiten des modernen Schulbaus kritisch betrachten, haben wir allen Grund zu erschrecken. Denn hier wird an der Wurzel paralysiert, worauf es im ganzen nachgeburtlichen Leben eigentlich ankommt, nämlich Kontakt zu haben mit der gegenständlichen Welt. Daraus ergibt sich konsequenterweise die Frage, was der Fuß braucht, um Fuß zu werden – was, allgemein gesprochen, das Bewegungssystem des Kindes braucht, um sich selbst zu realisieren. Wir müssen uns darüber im klaren sein, daß das Kind die Welt nur durch seine Bewegungen erfährt. Denn darin besteht ja eigentlich die Fortsetzung seines embryonischen Lebens, das überhaupt nur in Bewegungsformen vor sich geht. Die nachge-

burtliche Form dieses pränatalen Lebens, das Bewegungs-
spiel des Kindes, verlangt nach einer baulichen Umwelt, die
diesen Bewegungsbedürfnissen Rechnung trägt – eine
Welt, in der es Stufen und Treppen gibt, labyrinthisch angelegte Räume mit reliefartigen Böden. Eine völlige Verkennung der Funktionen des Fußes und der Bedeutung seiner
Erfahrungsqualitäten für die Entwicklung des Gesamtorganismus hat dazu geführt, daß der Schulbau die diesbezügli-
chen Erfordernisse auf dem Hochaltar des Reinigungsetats
geopfert und den Blick dafür versperrt hat, in welchem
Ausmaß das Kind primär ja nicht durch den «Kopf» lernt,
sondern durch die Rhythmik seiner Bewegungssysteme
und seine Sinne.

Die hier gemachten Äusserungen muten auf den ersten
Blick vielleicht provokatorisch an, sind aber aufgrund ana-
loger Diskrepanzen zwischen Organbedürfnis und räumlich-baulichen Gegebenheiten leicht einzusehen. Nehmen wir beispielsweise die moderne Lichttechnik. So wie
man sie heute allgemein versteht und handhabt, zwingt sie
Kinder und Lehrer in Räume, die zumindest auf einer Seite
vom Boden bis zur Decke verglast sind. Damit sind dem
Tageslicht keinerlei Grenzen gesetzt. In einer Überfülle
dringt es in den Raum ein, und diese Überfülle wird durch
ein Überangebot an künstlichem Licht noch gesteigert. In
Lux[1] gemessen heißt das: Die moderne Lichttechnik verlangt für den Arbeitsplatz des Kindes eine Beleuchtungsstärke von 1000 Lux und mehr, während man zur Zeit
Rembrandts mit nur 60 bis 100 Lux und zur Goethe-Zeit
noch mit rund 150 Lux auskam.

Diese Überfülle an Helligkeit ist aber nicht das einzige
Handikap, das uns die derzeitige Lichttechnik beschert. Weit

[1] Lux ist die Maßeinheit für die Beleuchtungsstärke.

folgenschwerer ist die Konstanz der dargebotenen Helligkeit. Was wir darunter zu verstehen haben, läßt sich wiederum anhand eines Vergleichs aufzeigen. Das Tageslicht ist es, was das Auge hervorgebracht hat – etwa im Sinne Goethes: «Wär nicht das Auge sonnenhaft, wie könnt die Sonne es erschauen.» Die Kurve, die das Tageslicht im Verlauf eines Tages beschreibt, gleicht einer schwankenden Fieberkurve: Sie vollführt Sinuswellen mit großen Ausschlägen, die durch den jeweiligen Stand der Sonne sowie die jeweiligen atmosphärischen Gegebenheiten bedingt sind. Am Morgen steigt die Sonne aus einem Dämmer empor, Wolken schieben sich davor, was eine entsprechende Dämpfung der Helligkeit zur Folge hat, mittags steht sie im Zenith – vielleicht am wolkenfreien Himmel, vielleicht auch nicht – und geht dann allmählich wieder unter. Wie aber sieht es mit der «Kurve» des künstlichen Lichts aus? Schon auf den ersten Blick zeigt sich, daß wir im Grunde gar keine Kurve haben, sondern eine schnurgerade Linie. Mit anderen Worten: Das uns von der Technik präsentierte künstliche Licht weist, im Gegensatz zum Tageslicht, keinerlei Schwingungen auf.

Welche Konsequenzen ergeben sich aus diesen Daten im Hinblick auf den menschlichen Organismus im allgemeinen und den des Kindes im besonderen? Wir haben uns an anderer Stelle klarzumachen versucht, daß das Sehen ein gesamtorganismischer Prozeß ist, daß also nicht das Auge sieht, sondern der ganze Mensch mit allen Organsystemen. Dieser Prozeß des Sehens ist, wie jeder andere Organprozeß, nur im Bereich des Ungewissen möglich, wobei sich diese Ungewißheit, auf das Sehen bezogen, in der Zustandsunterschiedlichkeit von Hell und Dunkel manifestiert. Denn Licht erscheint nur als Licht, wenn seine Negation, die Dunkelheit, gleichzeitig mit im Spiel ist.

Und noch ein weiteres ist zu bedenken, worauf wir ebenfalls

schon hingewiesen haben, daß nämlich ein Organ nur dann funktionstüchtig ist, wenn es in Anspruch genommen wird – aber nicht im Sinne einer Maximalforderung, sondern einer Minimalforderung, die sich uns im Hinblick auf das zu Leistende als die anspruchsvollste erwies.

Wenn wir von hier aus die moderne Lichttechnik kritisch betrachten, fällt es nicht schwer, ihre parabiotische Wirkung zu erkennen. Das Überangebot an Helligkeit bedingt eine ständige Überreizung der Netzhaut, was wiederum zur Folge hat, daß die Netzhautempfindlichkeit zunehmend abgestumpft wird und mit der Zeit immer mehr Lux erforderlich sind, damit das Auge funktionsfähig bleibt. Hinzu kommt eben, daß neben der Überhellung vor allem die Konstanz der Helligkeit das für den Organismus lebensnotwendige Potentialgefälle von Licht und Dunkelheit abbaut und damit jene Unsicherheiten eliminiert, durch die sich der Sehprozeß in Gang hält.

Damit stellt sich die konkrete Frage: Kann sich die moderne Lichttechnik mit Hilfe der Technik selbst, also systemintern, zu einer organlogisch gesteuerten Lichttechnik entwickeln? Die Antwort ist ein eindeutiges Ja. Wie wir uns eine solche biologisch orientierte Lichttechnik in etwa vorzustellen haben, läßt sich am Beispiel bestimmter Kultbauten illustrieren. Die Kultbauten des frühen Christentums – man denke etwa an die Basiliken, wie wir sie noch heute in reiner Form in Südfrankreich finden – haben nur eine einzige Lichtquelle, nämlich das Rundfenster gegenüber dem Altar. Durch dieses Fenster fällt das Licht in einem Bündel in das Innere des Raumes, malt auf Boden und Wand einen Kreis, und dieser Kreis wandert. Er wandert über den Boden und die Wände hinauf, so daß das Licht als wandernder Lichtfinger erscheint. Dieses Prinzip des wandernden Lichtfingers hat Le Corbusier in der Kapelle von Ronchamp aufgenommen, dessen innerräumliche Faszination zu einem großen Teil eben darin liegt, daß das Licht dynamisch geführt ist – also nicht nur quantitativ, wie wir es in unseren Schulbauten sehen, sondern auch qualitativ.

Damit sind wir eigentlich schon dem Grundprinzip jeder organlogisch gesteuerten Lichttechnik auf die Spur gekommen. Worum es also geht, ist, das Licht als wandernden Lichtfinger, als sich bewegenden Lichtkreis zu formen, und zwar auf technische Art. Die ersten Versuche in dieser Richtung haben bereits begonnen. Nachdem die Anthropologen und Biologen in aller Welt darauf gedrängt haben, die Fülle des künstlichen Lichts – etwa in Großraumbüros, Supermärkten oder Fabrikhallen – elektronisch gesteuert durch die bisher konform ausgeleuchteten Räume wandern zu lassen, haben auch die Großkonzerne, die sich mit der Lichttechnik befassen, diesen Gedanken aufgegriffen und forschen nach Mitteln und Wegen, wie sich dieses Projekt verwirklichen läßt. Man ist also dabei, die großen Lichtflächen in Bewegung zu bringen, indem man die Lichtschwankungen zwischen Hell und Dunkel fast unmerkbar so wandelt, wie es in der Natur geschieht, wenn sich Wolken vor die Sonne schieben. Damit wird erreicht, daß Netzhaut, Stammhirn und Endhirn gymnastisch-schwingende Bewegungen vollziehen, die sich dem ganzen Organismus aufbauend mitteilen.

Dieser kleine Ausschnitt aus dem Bereich der Möglichkeiten einer organlogisch gesteuerten Lichttechnik kann natürlich nur die Richtung aufzeigen, in die eine zukünftige Lichttechnik zu gehen hat. Was hier vom Licht als solchem gesagt wurde, also vom ungebrochenen Licht, erstreckt sich selbstverständlich auch auf die Farben. Denn auch die Farben – nicht nur die prismatisch gebrochenen, sondern auch jene, die physikalisch gar nicht gegeben sind, die Farbigkeit als das Gebiet, in dem sich Physik und Organismus überlappen – sind das Lichtereignis, durch das das Licht erst als Licht erscheint.

Was hier in bezug auf die Diskrepanz zwischen den organologischen Bedürfnissen des Sehens und den effektiven räumlich-baulichen Gegebenheiten gesagt worden ist, gilt analog auch für das Hören. Auch das Gehör ist, wenn es funktionstüchtig bleiben soll, auf ein entsprechendes Potentialgefälle angewiesen. Was mit einem Kind passiert – und das trifft selbstverständlich auf uns alle zu –, wenn es in einem schalltoten Raum eingesperrt ist, zeigt folgendes Beispiel. In einer Großstadt der Bundesrepublik wurde in den Kellern einiger Schulen ein schalltoter Raum eingefügt, um den Kindern die Möglichkeit zu geben, am eigenen Leib zu erfahren, was «schalltot» überhaupt bedeutet. Der Effekt war eklatant. Ein Kind, das sich etwa drei bis fünf Minuten in einem solchen Gehäuse aufgehalten hat, kommt mit gewissen Gleichgewichtsstörungen heraus. Diese Gleichgewichtsstörungen werden dadurch ausgelöst, daß die Stimme des Kindes, wenn es spricht, nicht zu ihm zurückkehrt, sondern von den Wänden verschluckt wird. Dadurch entsteht das Gefühl, als ob sich die eigene Sprechstimme im Kopf bildete. Diese Erfahrung war aber nicht der einzige Grund, warum man solche schalltoten Räume in den Schulbau einbezog: Wichtiger noch war, die Kinder erfahren zu lassen, welche Wohltat das Echo ist. Denn anschließend gab man den Kindern sogenannte Knackfrösche in die Hand und ließ sie mit zugebundenen Augen damit durch den Keller laufen. Durch diese Knackgeräusche, die ihnen nach dem Erlebnis des schalltoten Raums ein unglaubliches Vergnügen bereiteten, wurde ihnen in besonders eindringlicher Form das Hören zu Gehör gebracht, die Echoerfahrung instrumental verwirklicht.

Dieses Beispiel zeigt, in welchem Ausmaß der kindliche Organismus auch des Spannungsfeldes von Stille und Hörbarem bedarf. Der Bereich des Möglichen ist hier wie überall weit gesteckt. Man denke nur an die herkömmlichen Pausenschellen, die mit schockierender Unbarmherzigkeit die Zeit zerhacken. Es wäre längst an der Zeit, diese schrillen Töne durch Klänge zu ersetzen, die den Eigenschaften eines Gongschlags entsprechen. Damit ist eine ganz andere Zeiterfahrung gegeben: Die Zeit ist nicht mehr zerstückt, sondern rhythmisiert. Es ist, als ob eine Phase abgeschlossen sei, um eine neue zu eröffnen. Die Zeit wird etwas Übergängliches: Sie kommt von einem Früher und geht in ein Später hinein, und der Klang verbindet beides zur Gegenwärtigkeit.

Werfen wir abschließend noch einen Blick auf die moderne Klimatechnik, die für die räumliche Umweltformung nicht minder bedeutsam ist. Die derzeitige Klimatisierung sieht ihr Ziel erreicht, wenn sie eine Konstanz der thermischen, bioelektrischen, hydrogenen und sonstigen Klimafaktoren herstellt. Konstanz aber legt den Regelmechanismus des Organismus lahm, wobei zu bedenken ist, daß der Organismus als Zellstaat überhaupt erst in und von der Dynamik eines thermischen Mosaiks lebt. Betreibt der Mensch eine sitzende Tätigkeit in konstant klimatisierten Räumen, so staut sich seine Körperwärme. Er reißt, wenn möglich, die Fenster auf, verwirbelt damit aber die Zuluft mit der verbrauchten Luft, und es kommt zu einem Staub- und Bakteriengemenge. Die zwangsläufig herbeigeführten einseitigen Abkühlungen verursachen rheumatische Erkrankungen, während ein unter gesunden Verhältnissen lebender Organismus einseitige Entwärmungen durch rasche Verteilung über den ganzen Körper auszugleichen vermag. Dieser schnelle Ausgleich wird durch die einzige Steuerstelle im

Gehirn geleistet, die die gleichmäßige Durchblutung aller Hautsegmente dadurch bewirkt, daß sie die Hauttemperatur symmetrisch zur Wirbelsäule um den gleichen Wert verändert. Das Elektrodermatogramm, das durch Messung der elektrischen Hautleitfähigkeit des Körpers Rückschlüsse auf die Funktionen des vegetativen Nervensystems zuläßt, zeigt in alarmierender Weise, wie sehr diese Funktionen bei einem Kind schon nach kurzem Aufenthalt in den als «modern» gepriesenen Schulanlagen gestört sind. Denn während die elektrischen Hautengramme bei einem Aufenthalt im Freien oder in biologisch angemessenen Räumen eine beiderseits der Wirbelsäule symmetrisch aufgebaute Figuration darstellen, bietet das Hautleitliniensystem rechts und links der Wirbelsäule bei einem Schulkind schon nach wenigen Stunden Aufenthalt in modernen Unterrichtsräumen ein völlig asymmetrisches Bild – ein untrügliches Zeichen dafür, daß die synneurischen Ausgleichsprozesse tiefgreifend verzerrt sind. Solche mikroklimatischen Fehlregulationen sind die Quelle jener sich häufenden physischen Erkrankungen, die die Mediziner vor Rätsel stellen.

Zur Verhütung dieser Fehlregulationen gibt es jedoch im Rahmen einer bioklimatischen Umweltplanung Abhilfen technischer Art – wie zum Beispiel das System des Schweizer Physikers Holger Lueder –, die auf verschiedenen Faktoren basieren. Man hat zunächst zwischen einer Temperatur, die von wärmestrahlenden Körpern ausgeht, der sogenannten Strahlungstemperatur, und der Lufttemperatur zu unterscheiden. Worauf es ankommt, ist, zwischen beiden eine angemessene Unterschiedlichkeit herzustellen. Eine Strahlungstemperatur von 23 Grad zu einer Lufttemperatur von 16 Grad ergibt ein erfrischendes Klima, das sich vor allem auch darin auswirkt, daß es zu einer selbsttätigen Schleimhautbefeuchtung kommt, die andernfalls unterbunden ist.

Weitere bedeutsame Faktoren sind Bodenheizung und Deckenkühlung, Abdrängen der verbrauchten Luft, Filterung und Ozonisierung der gleichzeitig ununterbrochen eingeführten Zuluft, künstliches Einmischen negativer Sauerstoffionen, antistatische Behandlung aller Kunststoffe, elektrostatische Felder in allen Betonbauten, um nur die wichtigsten unter ihnen zu nennen.

Wir haben diese Zusammenhänge bewußt etwas detailliert betrachtet, weil nur so anschaulich wird, was durch Aufstellen noch so gründlich fundierter Thesen wahrscheinlich in der Luft hängenbliebe oder gar fragwürdig wäre. Wollte man die dem ganzen Problem immanenten Themenkreise einigermaßen erschöpfend beschreiben, so daß sich daraus der organlogische Kanon für eine pädagogische Umweltformung ableiten ließe, würde man den Rahmen dieses Buches sprengen. Eines dürfte zumindest klargeworden sein: Möglich ist es durchaus! Und geleistet ist es ebenfalls, wenn auch – man denke an die «weiße Hölle» von New York – im negativen Sinn.

Was bedeuten nun die hier gewonnenen Einsichten für die Pädagogik im weitesten Sinn des Wortes? Ehe wir auf diese Frage eingehen, müssen wir den Begriff der Pädagogik vom deutschen Sprachgebrauch her neu überdenken. Wenn wir von Pädagogik sprechen, meinen wir in der Regel Erziehung, ohne uns bewußt zu werden, wie fatal dieses Wort ist. Denn *Erziehung* leitet sich ja von *ziehen* ab – setzt also voraus, daß es etwas zu Ziehendes gibt, das in irgendeine Richtung gezogen werden muß. Es bedarf keiner Gedankenakrobatik, um zu erkennen, daß diese Auffassung von Erziehung jeder Pädagogik zuwiderläuft. Denn es geht ja nicht darum, irgend etwas irgendwohin zu ziehen, sondern einzig und allein darum, etwas sich entfalten zu lassen, was universal gegeben ist und woran wir uns nur vergreifen, wenn wir es irgendwohin ziehen wollen. Mit anderen Worten: Erziehung kann und darf nichts anderes sein als ein Vermitteln von Erfahrungen – Vermitteln in dem Sinn, daß wir dem Kind Erfahrungsbereiche eröffnen, in denen es die seine Entwicklungsgeschichte bestimmenden Formkräfte als *Gleichnisse* von universeller Gültigkeit leibkörperlich erlebt.

Um auf die zuvor gestellte Frage zurückzukommen, welche Bedeutung die hinsichtlich einer kindgemäßen Umweltformung gewonnenen Einsichten für die Pädagogik haben, so ist die Antwort im Grunde schon mit der Neuformulierung des Begriffs Pädagogik vorgezeichnet. Es wurde in vielerlei Hinsicht darauf verwiesen, daß die Pädagogik die ungestörte Fortsetzung der vorgeburtlichen Geschehensordnungen zu gewährleisten hat. Das aber ist nur möglich, wenn sich die Technik endlich auf die organlogischen Bedürfnisse des kindlichen Organismus besinnt und ihnen in ihren baulich-räumlichen Projekten Rechnung trägt. Insofern sind Pädagogik und Technik unauflösbar miteinander verkettet, denn das Versagen des einen bedingt zwangsläufig das Scheitern des andern.

Noch ist die Pädagogik der Technik einen Schritt voraus, weil sie sich längst der Notwendigkeit eines kindgemäßen Lernens bewußt geworden ist – der Notwendigkeit, gegebenenfalls unter Abwehr von Wissen die Lernfähigkeit des Kindes gegenüber einer permanent sich ändernden Informationswelt zu wecken, zu bewahren und zu steigern. Die zahllosen Versuche, den herkömmlichen Lernprozeß durch programmiertes Lernen abzukürzen und durch kleine Lernschritte zu erleichtern, haben längst das Stadium des bloß Experimentellen überwunden. Ob und inwieweit sie ihr Ziel erreichen, hängt somit zu einem großen Teil von der

Technik ab. Denn ohne kindgemäße Umweltgestaltung verliert jede Instrumentierung des Lernprozesses ihren Sinn, weil sie nur in Verbindung mit dem vegetativen Lernen funktionsfähig ist. Mit anderen Worten: Wenn es der Architektur nicht gelingt, die Gesetzlichkeit des physikalischen und biologischen Universums in die gemachte Welt hineinzuholen oder umgekehrt «das Innere in den Geheimzustand des Äußeren» [Novalis] umzuwandeln, wird die Instrumentierung des Lernprozesses zu jenem Menetekel, das die Gegner allen programmierten Lernens unermüdlich auf die Schwelle zur Zukunft malen. Der Weg vom *homme automate* Bergsons zum anthropotechnisch denkenden Menschen führt unvermeidlich über das Kind, dessen Erlebnis- und Lernfähigkeit es zu retten gilt. Diese Erlebnis- und Lernfähigkeit ist aber kein Wissensstoff, der rezepthaft übertragbar wäre, sondern jene elastische Energie, die den vorgeburtlichen Aufbau des kindlichen Organismus angetrieben und gesteuert hat und als Spiel im nachgeburtlichen Leben weiterschwingt, falls sie nicht, wie bisher, durch Fehlregulationen zunichte gemacht wird.

Von den beiden a erscheint das von
einem Kreis umgebene erheblich größer.
Umgrenzungen engen (bei richtiger Pro-
portion) nicht ein; sondern sie steigern.
Eine Grenze ist zwischen zwei Einheiten
keine dritte Einheit, sondern der Zustand,
in dem die Besonderheit beider ohne deren
Vermischung aufgehoben ist.
                              Auf die
Architektur bezogen sind Grenzen als
Hüllen, Hüllzonen und Wände körperhafte
Gefüge mit osmotischer (atmender) Aus-
tauschwirkung. (Wand-Wandlung-Gewand-
Wendung-Windung) Um Baukörper, die mit
Menschsein zu tun haben (Schule, Heim,
Klinik...) sind Hüllzonen anzulegen in
Form von Umgängen, Wandelhallen, Stufenanlagen, Pergolen, Dachüberständen, Bewachsungen, Stauzonen...
Fenster sind keine Löcher in Isolierplatten, sondern Wandglieder, an deren Tiefenschnitt und Oberflächenstruktur sich das
einströmende Tageslicht sich in vielfältiger Brechung und Beugung entwickelt.
Der Stufen- und Säulen-
gang eines Tempels ver-
wirklicht das Prinzip
der Grenze als Umgangs-
und Hüllzone.

a

a

Von den beiden a erscheint das von einem Kreis umgebene erheblich größer. Umgrenzungen engen (bei richtiger Proportion) nicht ein, sondern sie steigern. Eine Grenze ist zwischen zwei Einheiten keine dritte Einheit, sondern der Zustand, in dem die Besonderheit beider ohne deren Vermischung aufgehoben ist. Auf die Architektur bezogen sind Grenzen als Hüllen, Hüllzonen u. Wände körperhafte Gefüge mit osmotischer (atmender) Austausch-Wirkung. (Wand – Wandlung – Gewand – Wendung – Windung) Um Baukörper, die mit Menschsein zu tun haben (Schule, Heim, Klinik...) sind Hüllzonen anzulegen in Form von Umgängen, Wandelhallen, Stufenanlagen, Pergolen, Dachüberständen, Bewachsungen, Stauzonen... Fenster sind keine Löcher in Isolierplatten, sondern Wandglieder, an deren Tiefenschnitt u. Oberflächenstruktur sich das einströmende Tageslicht sich in vielfältiger Brechung und Beugung entwickelt. Der Stufen- u. Säulengang eines Tempels verdeutlicht das Prinzip der Grenze als Umgangs- u. Hüllzone.

Die Stadt nach der Evolution

Die Stadt der Zukunft ist in Wirklichkeit der Mensch der Zukunft. Der Mensch von heute hat sich als untauglich erwiesen, Städte zu bauen, in denen sich «als Mensch» leben läßt; Städte, in denen der Mensch – und darum geht es ja eigentlich – zum Menschen wird, indem er zum Menschen kommt. Der Mensch von heute hat in nicht wegzudiskutierender Weise seine Unfähigkeit demonstriert, räumliche Großgebilde zu verwirklichen, in denen die Komponenten Erdnatur, wissenschaftliche Technik [zum Unterschied von einer vorwissenschaftlichen Technik] und Mensch zu einer neuen, ihre Komponenten übersteigenden Einheit aufgehoben sind. Denn gab es nicht, zumindest in den vom Krieg unmittelbar betroffenen Ländern, für den Städtebau – wie für die Industrie, die sie sich nutzbar machte – die große Chance, neu anzufangen? Und was ist daraus geworden? Sollten die Gründe für das heutige Desaster vielleicht nur von der Art sein, daß sie von kausalen Denkschritten aufgedeckt werden könnten? Wenn es sich so damit verhielte, dann gäbe es das Desaster nicht. Oder ist wirklich nur diese oder jene Ursache daran «schuld»? Etwa das Fehlen einer den komplexen Zusammenhängen angepaßten Planung? Das Fehlen von gesetzlichen Handhaben? Keine Zeit, vor dem Handeln Pläne zu entwerfen? Widerstand der «menschlichen Natur», der Gesellschaft auch, gegen die durch Planung vorgeschriebenen Maßnahmen?

Der Grund, daß sich nach den beiden letzten Kriegen nichts geändert hat, muß tiefer liegen. Denn die Symptome, die den Zusammenbruch des Städtebaus nach dem Krieg begleiten, weisen alle in eine Richtung, wo es eingestandenermaßen keinen von der Vernunft verantworteten Grund gibt. Sie weisen dorthin, wo Kriege entstehen, wo der Krieg möglich wird... derart, daß der Städtebau gemäß dem Bild, das er heute – 25 Jahre nach dem letzten und wieviel Jahre vor dem nächsten? – bietet, sich als Fortsetzung des Krieges mit anderen Mitteln ausweist: des Krieges der Spezies Mensch gegen sich selbst.

Das wiederum bedeutet für die geschichtliche Möglichkeit einer «Stadt der Zukunft», daß sie nur entstehen kann, ja überhaupt nur denkbar ist, wenn der Mensch den Krieg überwunden hat. Und nicht nur das! Es bedeutet, daß eine solche Stadt das spezifische Merkmal des überwundenen Krieges, daß sie die Erscheinungsweise des Friedens als einer bewußt geleisteten und auf Opfern gründenden menschlichen Lebensform ist. Mit anderen Worten: Alle wie immer gearteten Stadtplanungen, die den Krieg noch einschließen oder gar auf ihn bezogen sind, können nur als Verdrängungen oder Verschleierungen des wahren Notstands fungieren.

Um diesem essentiellen Notstand zu begegnen, fand im September 1968 im UNESCO-Gebäude in Paris jene bereits erwähnte internationale Konferenz der bedeutendsten Ökologen über das Thema «Der Mensch und die Biosphäre» statt, die ihren Niederschlag in einer Art Weißbuch fand. Hier erst geraten die eigentlichen Zusammenhänge und Verflechtungen ins Blickfeld, unter denen allein eine Stadt der Zukunft zu betrachten ist.

Die Grundproblematik jeder zukünftigen Planung, aus der Perspektive der wachsenden Bedrohung der Spezies Mensch gesehen, ist zweifellos die Relation Mensch-Umwelt oder, umfassender formuliert, die Relation Lebewesen-Biosphäre; Biosphäre verstanden als jener Bereich, der sich als die Gesamtheit dessen darstellt, was wir «organisches Leben» nennen. Das organische Leben definieren wir heute nicht mehr als eine vom physikalischen Bereich abgehobene Eigenständigkeit, sondern als dessen besondere Eigenschaft, bedingt durch rhythmische Konstellationen atomarer und molekularer Art. Organisches Leben läßt sich aber auch – nicht in Widerspruch zu, sondern als logische Konsequenz dieser Definitionsrichtung – als die Dimension des Seienden deuten, die dem Physikalischen übergeordnet ist, wogegen dessen Kategorien als Derivate organischer Systeme aufzufassen sind. Kurz gesagt: Der Begriff der Biosphäre bezeichnet die Zone des Lebendigen, durch die sich der Blaue Planet vor anderen uns bekannten Himmelskörpern auszeichnet. Diese Biosphäre, Resultat materieller Balancen und daher mehr als die Summe ihrer materiellen Faktoren, ist aus eben jenem Grund empfindlich und anfällig, so wie etwa eine musikalische Komposition für ein musikalisches Ohr schon durch einen einzigen verfehlten Ton essentiell gestört wird. Dieser Zustand der Empfindlichkeit ist das Charakteristische der Komposition Leben, und zwar in zwei antagonistischen Richtungen: Einerseits ist das Leben leicht verletzbar, und andererseits bedarf es der ständigen Provokation dieser Verletzbarkeit. Mit anderen Worten: Das Leben lebt vom Reiz. Der Reiz seinerseits ist wiederum etwas Verletzliches – das heißt, er darf weder zu stark noch zu schwach sein. Schwache Reize führen zur Entstehung von Organen, mittelstarke Reize kräftigen sie; starke Reize hemmen und überstarke Reize zerstören sie. Leben heißt also nicht nur auf Reize reagieren – das tut die Materie auch –, sondern zugleich Reize provozieren.

Auf den Menschen als ein in Gesellschaft von seinesgleichen lebendes Wesen und auf seine Umweltformung bezogen bedeutet dieser Sachverhalt, daß die Entwicklung des Menschen von derjenigen Umwelt optimal gefördert wird, die eine Mannigfaltigkeit wohldosierter Reize gewährleistet.

Ungeachtet der Frage, ob diese Reizwelt von physischen oder sozialen Verhältnissen und Faktoren aufgebaut ist – die Vielgestaltigkeit der Umwelt ist Lebensbedingung.

Dabei ist allerdings zu bedenken, daß die Bestimmung optimaler Umweltbedingungen ins Leere greifen würde, wenn sie sich auf den «Menschen an sich» stützen wollte. Den Menschen an sich gibt es nicht. Ökologisch gesehen ist der Mensch Element von etwas Übergreifendem, in das Natur, Geschichte, Kultur, Technik, Politik usw. als in einen einzigen Wirkungszusammenhang eingegangen sind. Und der Mensch ist nur in dem Maß «unteilbares Individuum», als er sich auf die vielteilige Unteilbarkeit dieses Ganzen bezieht. Da es also den Menschen an sich nicht gibt, gibt es auch keine konstanten menschlichen Bedürfnisse. Es ist daher sinnlos, Zukunftsplanungen auf der Basis von konstanten Bedürfnissen zu entwerfen. Denn gemäß der Formel, daß das Lebendige auf Reize nicht nur reaktiv, sondern auch kreativ bezogen ist, bedarf der Mensch dessen, was er begehrt. Das Begehrte ist also das, was der Mensch braucht, wie uns das Verhalten jedes Kindes elementar vor Augen führt. Infolge des rasant steilen Anstiegs der technischen Entwicklung wirkt sich der Zusammenhang von Wunsch und Bedarf jedoch dahin aus, daß mehr und mehr die gesellschaftlichen Erwartungen und immer weniger die elementaren biologischen Bedürfnisse den Bedarf des Menschen bestimmen. Jede Generation gibt die durch ihre Wünsche geschaffenen Lebensbedingungen an die nachfolgende weiter, die sich mit diesem Erbe in einer Art vorgeprägter Zukunft befindet und deren Wünsche, von Generation zu Generation zunehmend, Produkte der Wünsche ihrer Väter und Vorväter sind. Damit ist ein Prozeß in Gang gesetzt, der unentrinnbar zu einem weltumspannenden Wunschkarzinom entartet, mit allen Konsequenzen einer erdgeschichtlichen biologischen Entropie, falls die zentripetale Energie eines permanent erweiterten Wissens um biosphärische Großzusammenhänge nicht operativ eingesetzt und geformt wird. Das Produkt dieser Steuerung durch Wissen ist die «Stadt der Zukunft» als die dinglich-vielschichtige Ordnung mannigfaltiger Reize.

In welch gefährlichem Ausmaß das nicht gesteuerte Wünschen innerhalb der letzten zwei Jahrhunderte das Gleichgewicht der Biosphäre bereits gestört hat, wollen wir uns an einigen Beispielen vor Augen führen, um zu erkennen, inwieweit das, was der Mensch dort angerichtet hat, ein Spiegelbild dessen ist, was er sich selbst als einem Glied der Biosphäre antut und umgekehrt. Dabei wird sich zeigen, wie speziell auf dem Gebiet des Bauens, insbesondere des Siedlungsbaus, die Wunden, die der Homo sapiens dem Planeten und sich selbst geschlagen hat, weithin wirkend zutage liegen. Sinn und Zweck derartig vergleichender Untersuchungen ist aber nicht, mit dem messerscharfen Schluß, daß nicht sein kann, was nicht sein darf, weiter drauflos zu wünschen, geschweige denn zu resignieren. Wir tun es vielmehr, weil die Analyse aufdeckt, wie und wo der Eingriff zu erfolgen hat, der der karzinomhaften Wucherung der Wunschenergie Grenzen setzt und sie in die Evolution einbringt, die sich als eine Verjüngung und Weiterdifferenzierung der Biosphäre realisiert.

Das Verhältnis von Erwartung und Bedarf, das einem sich selbst aufschaukelnden Prozeß entspricht, ist bestimmend für das Verhältnis des Menschen zur Natur. Der Mensch kann – wie übrigens jedes Lebewesen – prinzipiell nur in einer durch seine Wünsche umgewandelten Natur leben. Die Natur im «Urzustand» und als ein «An-Sich» gibt es nicht: Sie wäre das Chaos. So hat sich jedes Volk als eine Synthese der beiden Pole Naturgewalten und Geschichte seiner Erwartungen [seiner Kultur] die ihm eigene Landschaft geschaffen. Eine unter dem Aspekt vorgenommene Analyse, daß der größte Teil der Umwelt des Menschen Menschenwerk ist und daß der Grad der Integration von Kultur und Natur in einer Generation bestimmend ist für die folgende Generation, kommt zu einem beklemmenden Ergebnis.

Der Wandel von der Wildnis zum Schutthaufen, der den Weg der Hochtechnik symbolisiert, hat sich mehr und mehr von dem Bestreben früherer Kulturen entfernt, ihre Schöpfungen als Weiterentwicklungen natürlicher Vorfindlichkeiten [des Klimas, der topographischen Beschaffenheit und anderer ortsgebundener Eigentümlichkeiten] aufzufassen. Die Entwicklung der Stadt während des letzten Jahrhunderts vollzog sich dagegen ohne Rücksicht auf die durch die Naturwissenschaften erkennbar gemachten genetischen Strukturlinien und Grenzen. Ihr Wachstum wurde einzig vom jeweiligen Pegel wirtschaftlichen, verkehrstechnischen und politischen Drucks bestimmt. Eine synthetische Planung ist aber nur möglich, wenn sie sich nicht dem Druck momentaner Notlagen beugt – noch dazu solcher, die ihrerseits aus generationenlang erfolgten Verstößen gegen ökonomische Gesetze resultieren. Beispielsweise läßt man sich beim Bau großer Stauseen, die in allen Teilen der Welt entstehen, nicht von einer weitsichtigen, möglichst viele Faktoren einbeziehenden Planung der Wasser- und Bodennutzung leiten, sondern einzig von der Sicherung gegen eventuelle Überschwemmungen und Wassermangel. Maßnahmen, die der dadurch ausgelösten Erosion entgegenwirken sollen, werden erst ergriffen, wenn es zu spät ist. Man kennt die Gefahren, die durch Lärm, Verschmutzung der Umwelt, Mißbrauch von Narkotika usw. heraufbeschworen sind. Wirksame Maßnahmen aber werden erst eingeleitet, wenn es infolge von Katastrophen zu Panikstimmungen kommt. Pläne zur Veränderung der Umwelt entstehen nicht in der Vorausschau, sondern als Reaktionen auf akute Krisen. Die dann ergriffenen Maßnahmen sind zusammenhanglos; sie zielen nicht auf die jeweiligen Ursachen, sondern auf eine Verschleierung ihrer Auswirkungen. Dabei fehlt es nicht etwa an hinreichenden Erkenntnissen, sondern an Kommunikation und Information, vor allem aber an der Bereitschaft, sich danach zu richten. So wird unsere Umwelt fast ausnahmslos aufgrund technischer Kriterien verändert, ohne daß die biologisch und psychologisch orientierten Prognosen zur Kenntnis genommen würden. Es wird keine 20 Jahre mehr dauern, bis alle Gebiete des Erdballs horizontal und vertikal ausgebeutet sind und die Versorgung mit Bodenschätzen der verschiedensten Art ein unlösbar erscheinendes Problem ist. Dann wird es nicht mehr Ausbeutung sein, die den Fortbestand der Spezies Mensch sichert, sondern sorgfältige Haushaltung. Die Zunahme der Erdbevölkerung, die topographischen Grenzen des Erdballs und die Erschöpfung seiner Schätze sind ganz einfach Tatsachen, die die Wirtschaft zwingen, sich nach strengen ökologischen Prinzipien zu richten. Bis zum heutigen Tag hat sich der Mensch so verhalten, als ob ihm ein unbegrenztes Reservoir zur Verfügung stünde – unendliche Reserven an Luft, Kulturland, Wasser und Bodenschätzen. Offensichtlich fällt es ihm schwer, sich nicht als der Nomade und Jäger aufzuführen, der er einmal war. Allen Einsichten der Naturwissenschaften zum Trotz, ja unberührt von ihnen, wähnt er sich in einer grenzenlosen konstanten Rohstoffwelt. Die Gedankenlosigkeit, die eine ökologische Krise auf die andere türmt, ist wesentlich darin begründet, daß die Geschichte der Menschheit bis heute nicht ausgereicht hat, um die Erkenntnis vom Erdball als einem vielschichtigen, in Raum und Zeit gewobenen, permanent sich wandelnden Maschenwerk von Grenzen, in dem nirgendwo und nirgendwann ein Status quo zu erhalten ist, dem Bewußtsein des Menschen substantiell und energetisch einzuformen.

Die physischen Kräfte einer Umwelt ändern sich unaufhörlich, selbstverständlich auch durch die Einwirkung der sich ebenfalls ändernden Lebenswelt, die sie umfaßt. Infolgedessen werden auch die ökologischen Gleichgewichte, die sich zu irgendeinem Zeitpunkt aufgrund von Kenntnissen und Einsichten zwischen der Erdbevölkerung und den Faktoren herstellen ließen, die die Biosphäre ausmachen, immer nur dynamische Gleichgewichte bilden, deren Änderungen denen der Menschen entsprechen. Die Kurve, die die Kluft zwischen ökologischer Notwendigkeit und menschlichem Fehlverhalten symbolisiert, ist in den letzten Generationen so steil und rapide angestiegen, daß nunmehr die Frage, ob die wechselseitigen Beziehungen zwischen Mensch und Umwelt lediglich durch gehirnlich kalkulierte Leistungen zugunsten neuer Gleichgewichtslagen beeinflußbar sind, auf Gedeih und Verderb zu Entscheidung steht. Bisher verlief die biologische Entwicklung des Menschen und seiner Geschichte zum größten Teil unter den Anstößen von Zufällen in kurzfristig getroffenen Entscheidungen. Auch wohldurchdachte Aktionen hatten Folgen, die sich als verhängnisvoll erwiesen, weil ihre Nebenwirkungen nicht vorausschaubar waren oder als unerheblich vernachlässigt wurden. Die guten Dienste des Verbrennungsmotors, der Reinigungschemie, der Insektizide und der Narkotika haben sich gefährlich ausgewirkt. Die Beseitigung des Mülls beginnt ebenso entscheidend zu werden wie die Erschließung neuer Materialquellen. Die Abfallprodukte nehmen nach dem Gesetz der Erhaltung der Substanz im gleichen

Maß zu wie die Ausschöpfung der Rohstoffquellen – ein Vorgang, der in umgekehrter Richtung bedeutet, daß die Erschließung neuer Wirtschaftsquellen von der Weiterverwendung des Abfalls abhängig ist. Wird dieser Funktionszusammenhang außer acht gelassen, so ist es unvermeidbar, daß der Mensch die Biosphäre allmählich in einen globalen Abfallhaufen verwandelt.

Zwar wird das Leben des Menschen – wie das des Tiers – von den Veränderungen bestimmt, die der Organismus im Ringen um die Anpassung an eine sich fortwährend ändernde Umwelt durchmacht. Aber mit der Erscheinung des Menschen hat die Natur, wie zu Beginn unserer Erörterungen bereits gezeigt wurde, eine Methode der Weiterentwicklung eingeschlagen, die ihn vom Tier abhebt. Während die Erfahrungen des Tiers durch substantielle Verankerung genetisch vererbt werden, gibt der Mensch zusätzlich zur genetischen Vererbung seine Erfahrungen an die Kette der Generationen informativ durch die Sprache weiter. Diese informative sprachliche Entwicklungsmethode – wir nannten sie die kulturelle Evolution – beinhaltet zugleich jene Fähigkeit, durch die die Existenz des Menschen sozusagen zu einem Seiltanz wird: die Fähigkeit, visionäre Vorstellungen zu produzieren – Vorstellungen, die aus dem Status des Gegebenen ausbrechen. Eine solche Vorstellungskraft oder Phantasie, deren Grundvoraussetzung eine Distanzierung des Menschen von sich selbst ist, von seiner eigenen Befindlichkeit, einschließlich aller damit verhafteten Zielsetzungen, ist die Vorbedingung für die Fähigkeit, vorausschauende Pläne zu entwerfen. Was wir als Kultur oder Zivilisation bezeichnen, bezeichnet das Maß der Synthese von Umweltbedingungen und menschlicher Natur. In je größerer Annäherung an die elementaren Eigenschaften des Lebendigen diese als «eine Natur in der Natur» zu nennende

Synthese gelungen ist, desto vielfältiger, vielschichtiger, universeller, reicher an Potentialdifferenzen ist das Ergebnis. Vielheitlichkeit, die zur Einheit drängt, Einheit, die sich als Vielheit realisiert, ist Verfassung und Verfahren der einzig wirklichen Wirklichkeit; derjenigen, die sich jenseits aller Gleichungen in der Dimension des Gleichnisses erfüllt.

Beziehen wir nunmehr das Bild, das die Großstadtentwicklung bietet, auf diesen Horizont des Seienden, so erweist es sich als Spiegelbild der durch blinde Wucherung der menschlichen Wunschwelt gestörten Biosphäre, versehen mit dem Todesmal allen Wucherns: der Monotonie, der biologischen Entropie. Infolge der Stereotypie der Umweltdaten, der totalisierten Einebnung der Lebensabläufe, der Nivellierung aller Zustandsunterschiedlichkeiten verkümmert und verwildert das Potential, das der Mensch mit seiner Geburt in die Waagschalen der Welt wirft – mehr noch, es drängt mit der Gewalt des ungelebten Lebens zur Explosion. Nicht nur, daß die vitalen Prozesse aller Organsysteme und des Organismus im ganzen mangels Herausforderung durch eine vielgestaltige und instabile Umwelt veröden, auch die Wunschfähigkeit des Erwachsenen ist durch die Flut der Angebote, mit der bereits ihre Kindheit erstickt wurde, vorgestanzt und eingeebnet. Da die Wirkkraft von Reizen identisch ist mit ihrem Wandel und die Sterilität des Konstanten noch den Rest verbliebener Reize aushöhlt – insofern ein Reiz nur formativ sein kann, wenn der Organismus den Spielraum hat, aktiv darauf zu antworten –, sind alle im Feld dieser Sterilität erstellten Anlagen und Einrichtungen [Zoos, Parks, Schulen, Heime, Klubs usw.] kein Ersatz für die Situation, in der der Mensch während der einzigen Phase seines Lebens, die zugleich die intensivste und aktivste ist, in der Kindheit, die Fülle der Welt erfährt und nur dadurch erfährt, daß er sich in körperlicher

Aktivität mit ihrer abenteuerlichen Vielfalt voller Wagnisse auseinandersetzt.

Die Stadt der Zukunft, von der wir eines genau wissen, daß nämlich in ihr alle Elemente der menschlichen Erscheinung als eine raum-zeitliche Dinglichkeit verwirklicht sind – wer könnte sie planen, wer sie bauen, wer in ihr leben? Zweifellos nur der Mensch, der von derselben Art ist oder, umgekehrt ausgedrückt, dessen Städte nichts anderes sind als dinggewordene Projektion von Lebensprozessen.

Damit enthüllt sich die Stadt der Zukunft als das Resultat einer Pädagogik, der es gelingt, im Denken, Fühlen, Handeln und Verhalten der menschlichen Individuen die überindividuelle Gesetzlichkeit von Lebensprozessen wirksam zu machen. Wie dies zu ermöglichen ist, haben wir in vielen Aspekten gesehen: durch konkrete Rückverbindung der nachgeburtlichen Entwicklungsschritte mit der Entwicklungsgestik des vorgeburtlichen Organismus – das heißt, durch eine Tieferlegung der Pädagogik auf die Frühgeschichte des Organismus.

Wenn wir die beiden Sphären des menschlichen Organismus ins Auge fassen, die vegetative oder autonome Sphäre [Leib] und die zerebrale Sphäre [Großhirn], von denen die autonome etwa neun Zehntel an Umfang und Bedeutung der zerebralen ausmacht und sich zu dieser wie eine Res potentialis zu einer Res actualis verhält, so zeigt sich, wie wir im einzelnen schon erörtert haben, daß die seit den letzten 20 oder 30 Jahren systematisch betriebene Rückverbindung zur zerebralen Sphäre bereits in einem Ausmaß funktioniert, daß der Mensch den Planeten Erde verlassen und in den Weltraum vorstoßen kann.

Wie aber steht es – analog zu diesem Sachverhalt – um das Verhältnis Organismus und Architektur? Oder anders gefragt: Wie kann die Architektur eine Rückverbindung zur Genesis des menschlichen Organismus herstellen?

Ehe wir auf diese Frage näher eingehen, wollen wir uns einige Thesen über das Verhältnis von Entwicklungsgeschichte und Individuum in Erinnerung rufen, die bereits an anderer Stelle mehr oder weniger ausführlich erörtert wurden, weil sie in diesem Zusammenhang von besonderer Bedeutung sind. Dabei ist allerdings zu bedenken, daß der Begriff «These», wie wir ihn hier verwenden, als generalisierende Beschreibung dessen verstanden sein will, was sich beobachten läßt, sowie der Konsequenzen, die sich daraus für unser Verhalten und Handeln ergeben.

Ein Organ entsteht nicht zum Zweck einer später oder in einem noch zu erwartenden Zusammenhang fälligen Funktion, sondern durch und als diese Funktion.

Die Leistungen des Erwachsenen sind frühest einsetzende Elementarfunktionen, modifiziert durch Brechung im Medium des individuellen Schicksals [Erbmasse, Umwelt, Geschichte].

Die Leistungen des Gehirns und des Gedächtnisses sind Erscheinungen ihres nur im Zusammenspiel mit der Entwicklung des gesamten Organismus verlaufenden Wachstums.

Der Fortbestand der Spezies Mensch hängt ab von einem mitvollziehenden Erkennen der Entwicklungsvorgänge und einer nachgeburtlich getätigten Methode der Reaktivierung der Wachstumsleistungen während der Frühentwicklung des Organismus.

Diese Reaktivierung ist es, auf die alle wie immer gearteten Leistungen des Erwachsenen – verfehlend oder gelingend – bezogen sind. Mit anderen Worten: Wir stehen vor der Frage, wie wir, die Erwachsenen, die Wachstumsleistungen der eben geborenen Generation aus der vorgeburtlichen

Periode in die Zeit nach der Geburt hinüberretten können. Sprache und Sprachdenken wurzeln in körperlichen Gesten, die ihrerseits weiterschwingende Wachstumsgesten sind.

Das logische Denken und die Abstraktionsfähigkeit bewegen sich in Bahnen, die von der Frühentwicklung vorgeprägt sind. Leiberfahrung ist die Basis der Abstraktion.

Wenn wir uns nunmehr dem Verhältnis von Organismus und Stadt zuwenden, müssen wir uns eines so eindringlich und provokatorisch wie möglich vor Augen halten: Mit dem Städtebau als einer von einer Gruppe [Architekten, Ingenieuren, Unternehmern, Künstlern, Soziologen usw.] getragenen Aktivität ist es – wie generell mit allem Institutionellen – zu Ende, sofern es dieser Gruppe nicht gelingt, das Bewußtsein von sich selbst dahin zu erneuern, daß es den «genetischen Rückgriff» ebenso systematisch konkretisiert, wie es in der Kybernetik geschieht.

Institutionen können ins Wanken geraten, so wie sie erstarren und sich nur noch durch sterile Gewaltakte behaupten können. Doch mit alldem ist nichts gewonnen. Es ist beispielsweise nichts damit gewonnen, daß diese oder jene oder alle Institutionen der Wissenschaft und Wissenschaftsverwaltung terrorisiert werden. Es ist auch nichts damit gewonnen, wenn sie dem Druck nachgeben oder zur Gewalt greifen. Geschehen ist erst dann etwas, wenn das wissenschaftliche Denken als solches sich wandelt, wenn durch Änderung der Denkstrukturen die Inhalte und Zielsetzungen des wissenschaftlichen Denkens neu interpretiert werden.

Hand in Hand mit der Rückgewinnung der genetischen Basis durch die der Kybernetik zugrunde liegende Metamathematik ist in unseren Tagen – wir sind im letzten Beitrag ausführlich darauf eingegangen – ein weiteres Rückgreifen auf die Frühgeschichte des Organismus zu verzeichnen: die gemäß der vegetativ begründeten Bildsamkeit des frühen Kindesalters weltweit einsetzenden Bestrebungen, bereits beim vier- bis fünfjährigen Kind mit einer spielsinnigen Erfahrungsvermittlung [Sprachen, Schreiben, Lesen, Rechnen usw.] zu beginnen.

Nur im Rundblick auf diese global erscheinenden Symptome einer Evolution der Gattung Mensch – manche Forscher sprechen auch von einer «genetischen Explosion» [Henry Prat] – kann die Frage erörtert werden, was Architektur mit ihrem Brennpunkt Stadt ist. Diesseits des Blicks über den Gartenzaun kommt die Frage gar nicht erst zu ihrem Gegenstand, weil er in diesem Fall – so wie «die Kunst», «die Kirche», «der Staat», «die Gesellschaft» und was immer sonst «im Sein verharren will» – tot ist.

Wird uns dagegen die Architektur im globalen Rundblick fragwürdig, so ergibt sich folgende Konsequenz: Sie wird – in körperlicher Dinglichkeit – auf diejenigen keimgeschichtlichen Funktionen zurückgreifen müssen, in denen das Bauen als die Raumgestik, die sie ist, zur Erscheinung gelangt. Diese bauende Gestik der menschlichen Frühentwicklung, also des Embryos, realisiert sich im Bewegungssystem der Gliedmaßen, speziell der Hand. Eine solch funktionelle Betrachtung vermittelt aber ein von unseren normalen Vorstellungen wesentlich abweichendes Bild von der Hand. Damit wird zugleich deutlich, daß die absolut falsche Vorstellung von der anthropologischen Bedeutung der Hand die Ursache für ihre entwicklungsgeschichtliche Entgleisung nach der Geburt ist. Denn diese genetische Entgleisung der postnatalen Hand ist es, die in der Bauentwicklung nach den Kriegen manifest wird. Mit anderen Worten: Der Mensch kann sich, wie wir schon mehrfach gesehen haben, nur durch permanente, beim eigenen Organismus einsetzende Objektivierung [«Bewußtwerdung»] seiner selbst biologisch behaupten. Er ist ein Wesen, das sich «machen» muß, um zu sein. Darum auch unsere These, so befremdend oder lächerlich sie den Pragmatikern erscheinen mag: Ohne ein organlogisch gesteuertes Bewußtsein, eben jenes «gewandelte Bewußtsein von sich», sind alle anderswo ansetzenden Anstrengungen, mögen sie sich noch so großer Worte bedienen, eitel Schall und Rauch.

Zum Beispiel: Mit der Hand hat es, um zuvor Gesagtes noch einmal kurz zusammenzufassen, eine völlig andere Bewandtnis, als ihr die Klischees, unter denen die Menschen unserer Tage ihr Leben verbringen, zuerkennen. Im Greifen der Hand durch Opposition von Daumen und Fingern spiegelt und realisiert sich die entsprechende – systolische und diastolische – Bewegungsform aller Organsysteme bis zu den Schaltvorgängen der Großhirnrinde, die wir Abstraktion nennen; und dies alles durchaus gemäß dem Wortsinn vom Be-greifen als einem Greifen. Wie kein anderes Bewegungsglied ist und bewirkt die Hand den ganzen Menschen und den Menschen als Ganzes. Ihr Eigengedächtnis ist identisch mit dem substantiell verankerten Entwicklungsgedächtnis des Organismus selbst – mit dem Resultat, daß sich in den Mikrobewegungen der schreibenden Hand der Bewegungsstil des Individuums als eines Individuums – einer Unteilbarkeit – spiegelt, und zwar absolut.

Hinsichtlich der Evolution, die zusammen mit anderen teleologischen Tendenzen der eigentliche Gegenstand des Bewußtseins ist, käme es also darauf an, daß der Mensch sich in der Hand, die Hand in sich entdeckt, das heißt realisiert. Das Handeln des Menschen besteht im Kern darin, daß er sich selbst in die Hand nimmt. Das aber will geübt sein. Geübt durch Bilden von Gebilden der gleichen universellen Natur,

wie sie der Organismus während seines «Aufbaus» im un-
aufhörlichen Wechselgang von Einstülpungen und Ausstül-
pungen, Dehnungen und Dichtungen, hervortreibt. Wer
sich darin übt, sich in Hand und Fuß, in Arm und Bein
einübt, wird durch eben diese Organeinübung der, der er
ist. Das organismische Leben ist generell ein Übungseffekt.
Die Lebensübung oder, allgemeiner gesagt, das Lebensspiel
ist es, durch das die «Res potentialis», die der Mensch darstellt, zur «Res actualis» wird, auf die er angelegt ist. Was
sodann aus dem Lebensspiel der Hand hervorgeht, sind die
zu räumlichen und zeitlichen Formen geronnenen Wirk-
energien des Wesens Mensch – ist die Stadt. So ist auch das
während seiner ganzen Geschichte kultisch geformte Leben
diejenige Seinsweise des Menschen, durch die die embryo-
nalen Vorerfahrungen und das prälogische Wissen um die
Vorgangsordnungen des Organismus zugunsten des nachgeburtlichen Lebens reaktiviert und weiter differenziert
werden.

Angesichts dieser organlogisch verstandenen Relation von
Mensch und Architektur drängt sich die Frage auf: Welches
Indiz liegt darin, wenn Architekturstudenten nach abge-
schlossenem Examen immer wieder verblüfft erklären, sie
hätten noch nie etwas von der Organik des Menschen, von
den strukturellen Bedingungen seiner Lebens- und Erle-
bensprozesse gehört, ganz zu schweigen davon, daß diese
Organik Basis und Programm des Bauens und Formens zu
sein habe. Nie etwas davon gehört, daß Wärme nicht einfach Wärme, sondern erst als «thermisches Mosaik» biologisch wirksame Wärme ist. Nie gehört, daß quantitativ und
räumlich konstant gehaltenes Licht – im Gegensatz zum
flächig gefluteten, also von Körpern reflektierten – parabio-
tisch wirksam ist im Sinne einer allmählichen Zersetzung,

ähnlich wie die Dauerangriffe durch Luftverpestung, Wasserverseuchung oder Lärm. Letzteres hat sich, da es vordergründiger und spürbarer ist, inzwischen herumgesprochen. Aber was die diesen Vorgängen zugrunde liegenden Primärschichten angeht, auf die beispielsweise auch die bioelektrischen Wirkfaktoren von Materialien bezogen sind – davon hat man nie etwas gehört! Nie gehört, daß umschlossene Räume, je nach der Konstellation und Proportion ihrer Grenzflächen und deren Beschaffenheit, «biophysikalische Feldlinien» beinhalten, die stimulierend oder dämpfend, steigernd oder hemmend, aufbauend oder zerstörend wirken. Daß neurische Zustandslagen, die als «Weite» empfunden werden und entsprechend wirksam sind, keineswegs durch Entgrenzung – Glasfronten oder thermische Vorhänge – ausgelöst werden, sondern einzig und allein durch Rhythmisierung von Grenzen mittels selbst Raum beanspruchender Grenzschichten, die zellenhaft strukturiert sind; die Bauten von Tange-Tokio oder die «schwebende Stadt» von Borisowski sind positive Beispiele.

Statt die Frage nach dem Indiz für eine solche Blindheit zu beantworten, stellt sich für uns abschließend – gleichsam als Zusammenfassung des zuvor Gesagten – die konkrete Frage: Gibt es eine Stadt der Zukunft? Die Antwort kommt einer Herausforderung gleich: Nur in dem Maß, wie sich die Architektur auf die Organprozesse des Menschen als den dynamischen Baugrund allen Bauens stützt, ist eine Stadt der Zukunft möglich. Denn nur im Maß dieser «Bio-Kybernetik» fügt sich die Architektur und damit auch der Städtebau in die spezifische Entwicklungsrichtung der Gattung Mensch ein, in der allein ihre Überlebenschance liegt und die sich nur in einer den Erdball umspannenden Integration, die den Krieg überwunden hat, den Krieg gegen die eigenen Artgenossen und den Krieg gegen die irdische Biosphäre, erfüllen kann.

Die zukünftige Technik hat Lebensfelder zu erzeugen, in denen wohlproportionierte «Potentialdifferenzen» bioelektrischer, optischer, akustischer, thermischer und kinetischer Art herrschen. Diese Entwicklung ist technisch nicht nur möglich, sondern die Technik erfüllt erst darin ihren Sinn. Der entscheidende Ansatzpunkt dieser Anthropotechnik ist eine für das Kind, als den geschichtlich jeweils *Neuen Menschen*, zu planende Umwelt. Diese Kind-Umwelten sind die Zentren künftiger Weltstädte. Die dergestalt in der universalen Dynamik ihres Organismus heranwachsenden Kinder sind auf physiologische Weise mit einem Bewußtsein ausgestattet, das die Gattung als ein globales Element versteht.

Der Organismus ist das Subjekt der Technik. Die kommende Zivilisation ist entweder Mutterschoß oder Grab. Die technische Entwicklung zur Anthropotechnik ist das genaue Komplement zur Automation.

fischer alternativ

Günter Hamer/
Carsten Stahmer
**Volkswirtschaft
auf dem Öko-
Prüfstand**
Neue Konzepte für
das Bruttosozial-
produkt
Band 11461
(in Vorbereitung)

Joseph Huber
**Die Regenbogen-
gesellschaft**
Ökologie und
Sozialpolitik
Band 4118

Institut
für ökologisches
Recycling (Hg.)
Abfall vermeiden
Leitfaden für eine
ökologische Abfall-
wirtschaft
Band 4124

Institut für
Umweltrecht (Hg.)
**Deine Umwelt –
Dein Recht**
Wie können
Bürgerinnen und
Bürger sich
wehren? Band 4132

Holger Krawinkel
**Für eine neue
Energiepolitik**
Was die Bundes-
republik Deutsch-
land von Dänemark
lernen kann
Band 4131

Jost Krippendorf/
Peter Zimmer/
Hans Glauber
**Für einen anderen
Tourismus**
Probleme, Ratschlä-
ge, Perspektiven
Band 4114

Hugo Kükelhaus/
Rudolf zur Lippe
**Entfaltung der
Sinne**
Ein »Erfahrungs-
feld« zur Bewegung
und Besinnung
Band 4065

Peter Cornelius
Mayer-Tasch (Hg.)
Natur denken
Eine Genealogie der
ökologischen Idee
Band 1:
Von der Antike bis
zur Renaissance
Band 4995
Band 2:
Vom Beginn der
Neuzeit bis zur
Gegenwart
Band 4196

Fischer Taschenbuch Verlag